无量义经

释证严 讲述

复旦大学出版社

前言

静思书斋

《无量义经》梵名 Amitarthasutra，全一卷，分三品，由中天竺沙门昙摩伽陀耶舍传入我国。与《法华经》、《观普贤经》合称"法华三部经"。《无量义经》乃佛陀住世后期所说，因有情众生烦恼无量，是故佛陀说法无量，义亦无量，无量义生自一法，而此一法即无相之本性；此经内容又多以《法华经》为中心，因此也是《法华经》之开经。

佛陀为了教导众生行菩萨道、破除我执，让大众了悟一切法本就是清净、不生不灭、平等、空寂，故宣说《法华经》之前，先讲《无量义经》。此经一如佛陀所言："是经本从诸佛宫宅中来，去至一切众生发菩提心，住诸菩萨所行之处。"期许众生能生起大悲心，成就菩萨道。

曾有人问证严上人，在佛教经典中，哪一部经与上人较相应？上人告之："法华三部之《无量义经》。"早在公元七十年代初期，慈济已致力于慈善志业六七载，上人为了让佛教徒能明了佛法，希望有心研究者亦如慈济会员般地逐年增加,遂于公元一九七二、一九七三年分别在农历三月二十四日"慈济功德会"成立纪念日,举办"佛七",在此期间,除虔诚念佛之外,又宣讲《无量义经》。

上人尝言:"经者,道也;道者,路也。"强调学佛者,莫只执于念佛、诵经,而忽略了"行经"。佛法需落实在生活中,唯有透过身体力行,凡事以大众利益为优先考量,方能真正进入佛法之堂奥,体解佛陀的本怀与教化——非唯自利也是利他,不啻自净心灵,亦可净化他人。

慈济以大爱铺路走过三十五年,随着志业的成长,拓展为"一步八脚印",上人的悲愿始终不离经文《德行品》所言:"静寂清澄,志玄虚漠;守之不动,亿百千劫。"并期勉慈济人要有坚定的信念,发心如初、守志奉道,如此才能经得起风雨考验,勇于接受磨练。

慈济人依循教化,体会经中所言:"于法内外无所恡,头目髓脑悉施人。奉持诸佛清净戒,乃至失命不毁伤;若人刀杖来加害,恶口骂辱终不瞋。历劫挫身不倦惰,昼夜摄心常在禅;遍学一切众道法,智慧深入众生根。"菩萨道虽难行,但我们仍发愿要学习"布施、持戒、忍辱、精进、禅定、智慧"等六度万行的修持,不断地"做中觉,觉中做"。

本书即是将早年上人讲述《无量义经》之内容,汇集编辑而成,虽彼时慈济志业发展仅止于慈善工作,书中也多针对慈善事项作譬喻或印证;然亦无失于法理之论证,依旧是精辟感人,可谓"扫除众生无明,力行菩萨道"之最佳良导。愿人人依循这永恒不坠的真理至情,迈向平安、祥和的理想境界。

目录

前言 …… 001

缘起 …… 001

德行品第一 …… 001

说法品第二 …… 133

十功德品第三 …… 211

缘起

释证严

佛法需要有人弘扬,过去大家比较不了解为什么要"打佛七",正确的拜佛意义也不清楚。经过了几次佛七,便渐渐了解念佛的意义,以及打佛七的功德。

佛七举办于慈济功德会的纪念日,亦即每年自农历的三月十八日至三月二十四日止,这七天是功德会打佛七的日子,因为功德会成立于公元一九六六年农历的三月二十四日。我希望佛法的成长也能像功德会一样,由刚成立的少数人逐渐增加。希望研究佛法的人,也能年年增加,参加佛七的人数能够一年比一年增多,使得每一个佛教徒都能够了解打佛七的功德与意义。

释迦牟尼佛成佛后,四十九年的说法,为了引导众生入佛的知见、行菩萨道而说《法华经》。古德云:"成佛法华。"想要成佛就要研究《法华经》,因为这部经教人如何做一个菩萨,想要成佛之前,要先学做菩萨,菩萨道若成,佛道就能到达。

德行品第一

"开慧楞严",想要开智慧就要研究《楞严经》,这部经主要是教我们如何去除烦恼。而《法华经》也教导我们如何去除烦恼、行菩萨道,是为成佛之道。

佛陀说法四十九年,为了圆满来到世间弘法的任务,所以开讲《法华经》,讲经之前就先阐释《无量义经》,也就是佛七期间,我们要互相研究的这部经,"无量"表示不可限量、无法计量之义。众生有许多的毛病,而佛法则可以根治众生的毛病,只要精神上的心病治疗好了,身体的疾病自然就比较容易痊愈。

有一句话说:"人心不同,各如其面。"每个人脸上都有眼、耳、鼻、口等七个孔,但是形貌却各不相同。我们的心就像各人的脸孔一样,都有各自的想法与追求的目标。佛陀看透了众生心,也了解众生的根机,不论是上等智慧或下劣根机,他都能以不同的法门来适应众生;由于众生的心病"无量",所以开启的法门也就"无量"。

(讲于一九七二年静思精舍)

如是我闻，一时，佛住王舍城、耆阇崛山中，与大比丘众，万二千人俱。菩萨摩诃萨八万人；天、龙、夜叉、乾闼婆、阿修罗、迦楼罗、紧那罗、摩睺罗伽；诸比丘、比丘尼；优婆塞、优婆夷俱；大转轮王、小转轮王、金轮、银轮，诸转轮王；国王、王子、国臣、国民、国士、国女、国大长者，各与眷属，百千万数，而自围绕，来诣佛所，头面礼足，绕百千匝。烧香散华，种种供养。供养佛已，退一面坐，其菩萨名曰：文殊师利法王子、大威德藏法王子、无忧藏法王子、大辩藏法王子；弥勒菩萨、导首菩萨、药王菩萨、药上菩萨、华幢菩萨、华光幢菩萨、陀罗尼自在王菩萨、观世音菩萨、大势至菩萨、常精进菩萨、宝印手菩萨、宝积菩萨、宝杖菩萨、越三界菩萨、毗摩跋罗菩萨、香象菩萨、大香象菩萨、师子吼王菩萨、师子游戏世菩萨、师子奋迅菩萨、师子精进菩萨、勇锐力菩萨、师子威猛伏菩萨、庄严菩萨、大庄严菩萨，如是等菩萨摩诃萨八万人俱。是诸菩萨，莫不皆是法身大士，戒、定、慧、解脱、解脱知见之所成就；其心禅寂，常在三昧；恬安淡泊，无为无欲；颠倒乱想，不复得入；

静寂清澄,志玄虚漠;守之不动,亿百千劫;无量法门,悉现在前;得大智慧,通达诸法;晓了分别,性相真实;有无长短,明现显白;又能善知诸根性欲,以陀罗尼,无碍辩才,请佛转法轮,随顺能转,微渧先堕,以淹欲尘;开涅槃门,扇解脱风,除世热恼,致法清凉。次降甚深十二因缘,用洒无明老病死等。猛热炽盛,苦聚日光;尔乃洪注无上大乘,润渍众生诸有善根,布善种子,遍功德田,普令一切,发菩提萌;智慧日月,方便时节,扶疏增长大乘事业;令众疾成阿耨多罗三藐三菩提,常住快乐,微妙真实;无量大悲,救苦众生;是诸众生真善知识,是诸众生大良福田,是诸众生不请之师,是诸众生安隐乐处、救处、护处、大依止处,处处为众作大导师,能为生盲而作眼目,聋劓哑者作耳鼻舌,诸根毁缺能令具足,颠狂荒乱作大正念;船师、大船师,运载群生,渡生死河,置涅槃岸;医王、大医王,分别病相,晓了药性,随病授药,令众乐服;调御、大调御,无诸放逸行,犹如象马师,能调无不调;师子勇猛,威伏众兽,难可沮坏,游戏菩萨诸波罗密;于如来地,坚固不动,安住愿力,广净佛国;不久得成阿耨多罗三藐三菩提。是诸菩萨摩诃萨,皆有如是不思议功德。

其比丘名曰:大智舍利弗、神通目犍连、慧命须菩提、摩诃迦旃延、弥多罗尼子富楼那、阿若憍陈如;天眼阿那津、持津忧波离、侍者阿难、佛子罗云、忧波难陀、离波多、劫宾那、薄拘罗、阿周陀、莎伽陀、头陀大迦叶、忧楼频螺迦叶、那提迦叶、伽耶迦叶,如是等比丘万二千人,皆阿罗汉,尽诸结漏,无复缚著,真正解脱。

尔时大庄严菩萨摩诃萨,遍观众坐各定意已,与众中八万菩萨摩诃萨俱,从坐而起,来诣佛所,头面礼足,绕百千匝,烧散天华、天香、天衣、天璎珞、天无价宝,从上空中,旋转来下,四面云集,而献于佛;天厨、天钵器、天百味,充满盈溢,见色闻香,自然饱足;天幢、天幡、天橧盖、天妙乐具,处处安置,作天伎乐,娱乐于佛,即前胡跪合掌,一心俱共同声,说偈赞言:

大哉大悟大圣主　无垢无染无所著

天人象马调御师　道风德香熏一切
智恬情泊虑凝静　意灭识亡心亦寂
永断梦妄思想念　无复诸大阴界入
其身非有亦非无　非因非缘非自他
非方非圆非短长　非出非没非生灭
非造非起非为作　非坐非卧非行住
非动非转非闲静　非进非退非安危
非是非非非得失　非彼非此非去来
非青非黄非赤白　非红非紫种种色
戒定慧解知见生　三明六通道品发
慈悲十力无畏起　众生善业因缘生
示为丈六紫金晖　方整照曜甚明彻
毫相月旋项日光　旋发绀青顶肉髻
净眼明镜上下眴　眉睫绀舒方口颊
唇舌赤好若丹菓　白齿四十犹珂雪
额广鼻修面门开　胸表卍字师子臆
手足柔软具千辐　腋掌合缦内外握

臂修肘长指直纤　皮肤细软毛右旋
踝膝不现阴马藏　细筋销骨鹿䯒肠
表里映彻净无垢　净水莫染不受尘
如是等相三十二　八十种好似可见
而实无相非相色　一切有相眼对绝
无相之相有相身　众生身相相亦然
能令众生欢喜礼　虔心表敬诚殷勤
因是自高我慢除　成就如是妙色躯
我等八万之等众　俱共稽首咸归命
善灭思想心意识　象马调御无著圣
稽首归依法色身　戒定慧解知见聚
稽首归依妙种相　稽首归依难思议
梵音雷震响八种　微妙清净甚深远
四谛六度十二缘　随顺众生心业转
有闻莫不心意开　无量生死众结断
有闻或得须陀洹　斯陀阿那阿罗汉
无漏无为缘觉处　无生无灭菩萨地

或得无量陀罗尼　无碍乐说大辩才
演说甚深微妙偈　游戏澡浴法清池
或跃飞腾现神足　出没水火身自由
如是法轮相如是　清净无边难思议
我等咸复共稽首　归依法轮转以时
稽首归依梵音声　稽首归依缘谛度
世尊往昔无量劫　勤苦修习众德行
为我人天龙神王　普及一切诸众生
能舍一切诸难舍　财宝妻子及国城
于法内外无所悋　头目髓脑悉施人
奉持诸佛清净戒　乃至失命不毁伤
若人刀杖来加害　恶口骂辱终不瞋
历劫挫身不倦惰　昼夜摄心常在禅
遍学一切众道法　智慧深入众生根
是故今得自在力　于法自在为法王
我等咸共俱稽首　皈依能勤诸难勤

> 如是我闻,一时,佛住王舍城、耆阇崛山中,与大比丘众,万二千人俱。菩萨摩诃萨八万人。

在佛教的经典中,每一部经都有"如是我闻,一时,佛住某处,与多少大众……"等字样。佛法经典称之为经头序,也称为开经六成就,证明这是佛陀所说的经典。

"如是我闻"有多种作用:一、尊佛遗教,尊重佛陀的教导;二、异外道,为了区分此为佛教经典而非外道的经典;三、息诤论,证明此经是佛陀所说而非阿难自己所说,"如是我闻"四个字,可以平息大家的争论而得意见统一。

凡是听经的人,都可以常常听到"如是我闻"。身为佛弟子的我们,千万不可因听过而产生厌烦。佛教的教理很圆融且历久弥新,听过再听才能永远记在脑海中。身为佛教徒,如果不了解如是我闻的意义,当别人问起时,我们就无从为人解说,所以期待大家用心理解。

"**尊佛遗教**",佛陀说法四十九年,将入涅槃时,他身边有常随众一千二百五十人,大都已证得阿罗汉,诸漏已尽。"漏"即是烦恼,"漏尽"是烦恼皆已去除,视生死如归。

诸弟子中多闻第一的阿难尊者,他是佛陀的堂弟,随佛出家后不久即为佛陀的侍者,每天跟随在佛陀的身边。但是,一直到佛陀入灭时,他还未证得四果罗汉,因为心中仍有"情"的烦恼,也因为如此,所以在佛陀即将入涅槃时,阿难心情非常沉重悲伤。佛陀其他的弟子皆寂静地注视着佛陀,并无任何人哭泣,唯有阿难忍不住悲伤的情绪,但是当场又不好意思哭,于是便跑到一棵大树下放声大哭。

佛陀的弟子之一——阿那律尊者听到佛陀即将入灭的消息,就从远方赶回来。他看到阿难哭得十分悲伤,问道:"阿难,佛陀即将入灭,我们将要失去教主,你要好好把握时间,趁佛陀尚未离去以前,赶快请教重要的教法,不要浪费时间在这里哭泣!"

阿难听到阿那律尊者如此说,他如梦初醒,心想:这分责任很重大,佛陀即将入灭,我必须把握时间请法,不过却无从问起。于是他告诉阿那律尊者:"我现在心乱如麻,想问的事情很多,却不知从何问起。"

阿那律尊者说:"你可以请示四件事:一、佛陀入灭之后,如何使人相信结集的经典是佛陀所说的教法?二、佛陀在世时,我们都以佛为师;佛陀离开世间之后,我们要以何为师?三、对于恶性比丘,要如何应对?四、佛陀在世时,我们都依佛而住,以后我们要依谁而住?"

阿难听了,立刻赶到双树林下,事实上,佛陀躺在树下,为的是等他来问这四个重要的问题。所以佛陀见到阿难来时,微笑地说:"很好,我正等着你来启问,这是很重要的事情,我来为你解说。"

佛陀说:"阿难,我四十九年来所说的法,你都已经听过了,我入灭后,你是弘扬佛法的传承者,要负责结集经典,结集时要以'如是我闻'四字为首来取信于人,说明是你听到我亲口所说的法,结集而成为经典。"

阿难又问:"佛陀灭度后,我们将尊谁为师呢?"佛陀回答:"你们当以'戒'为师。"

佛教中的戒律,是佛陀过去所制,戒律若在,佛法就昌盛,所以佛教徒应该要依法不依人。弘扬佛法的人,若能依佛法的精神,奉行佛制戒律,此人就是我们的师父,犹如释迦牟尼佛再来一般。

我们不能因为弘法的人年纪轻就不尊敬他,只要他能实行佛陀慈悲救世的精神,具足法宝,并能以佛法来引导人,大家就要以恭敬心来尊敬他。这就是佛陀所制定的"以戒为师",亦即"以法为师"。

阿难再问:"佛陀灭度后,对于劣质比丘不受规戒,我们要如何应对?"佛陀回答:"默摈之。"最后阿难再问:"佛陀灭度后,我们要依何而住呢?"佛陀回答:"依'四念处'①而住。"阿难说:"佛陀,我明白了;我会将您的遗嘱谨记在心,依教奉行。"

佛教经典的结集

佛教的经典并非佛陀在世时就已存在,二三千年前的纸业并不发达。当时佛陀讲法,弟子们即背诵流传,也因为阿难尊者的智慧及记忆力超人,所以佛陀所说的法,他完全收藏在记忆之中。

佛陀灭度后,迦叶尊者即召集过去常跟随在佛身边的出家弟子,在七叶窟结集经典。结集经典需要经费,因为六七百人聚集在一处专心结集经典,无法出去托钵,当时的护法就是阿阇世王。

阿阇世王曾是欲害佛陀的恶王,悔过之后成为佛教的大护法。当时由他供养结集经典者的一切日用物资,所以,阿阇世王也是佛教中的大菩萨。

---

① 四念处,指集中心念于一处,防止杂念妄生,以得真理之四种方法。
(一)、身念处,观此身皆是不净。
(二)、受念处,观苦乐等感受悉皆是苦。
(三)、心念处,观心念生灭,更无常住。
(四)、法念处,观诸法依因缘而生,并无自性。

我们现在有经可读,要感激阿难尊者,所有的经典都是由阿难尊者再次复讲而结集;若非阿难尊者的忍辱力,纵使他有超人的智慧,我们今天也无法读到这部经典。

当时,随佛陀出家的弟子大都已去除烦恼,证得四果罗汉,而阿难却烦恼未断。在佛教中,烦恼未断表示功力还不够;然而,要结集经典没有阿难也不成,因为他每天都跟随在佛的身边,所听到的法最为完整。

于是,阿难受邀参加结集经典,那时由迦叶尊者当主席;迦叶尊者等大家坐定后,开始观察每一个人的心境。修行人若修得"他心通",一眼便可以看出他人的心是否清净。过了一会儿,他站起来走到阿难的旁边,在数百人的面前,将阿难从座位上拉起来,责备他:"你还不够资格结集经典!因为你尚未证得罗汉果位,心念未澄净,烦恼也未尽除。"随即将阿难请出山门外,并且把门关了起来。

阿难并没有因此而生气,他惭愧地自责:为什么几百人之中,个个心地清净,唯独我有烦恼呢?于是他回到住处,提起精神来用功。当晚,他打坐、思维佛的教法,整晚不断地参究;直到非常疲惫想躺下来休息时,突然间开悟了,一夜之间证得四果罗汉,神通显现了。

他非常高兴地跑回七叶窟敲门,迦叶尊者问:"是谁?"阿难回答:"是我,阿难。"迦叶尊者说:"你还没有资格进来!"阿难回答:"我的烦恼已经断尽,此刻的心境已经澄清寂静。"迦叶尊者说:"你的心既然已经清净,证得四果,那就不必我来开门,你运用神通进来吧!"

阿难尊者就显神通,穿过七叶窟的石壁进到里面,证实自己是个四果罗汉。他一进到里面,立刻五体投地向迦叶尊者顶礼,迦叶尊者感动得扶起阿难说:"阿难,我并非故意给你难堪,是希望你早日去除烦恼,证得圣果。罗汉的心境应如手画虚空、画过无痕,相信你不会记恨才对。"

身为佛弟子,大家千万要记得这句话——我们的心要如手画虚空、画过无痕,不能有怀恨之心。不要因为一句不中听的话而耿耿于怀,刚才发生的不愉快,很快就让它过去;若是怀恨在心,就是烦恼未断、心不清净。心要清净,必须将不好的思虑舍弃掉;阿难尊者能于一夜之间体悟真理,是因为他的心已到达"手画虚空,画过无痕"的境界。在修行的过程中,我们要效法阿难尊者的忍辱精神。

阿难尊者已是心地清净的大阿罗汉,有资格来结集经典,于是大家就请阿难上台,重述佛陀所讲过的经。阿难尊者一上讲台,他心中立刻浮现过去佛陀讲法时的慈容及音声,他虔诚而恳切地重述,因佛法已深烙在他的心中。

佛陀有三十二相,阿难尊者有三十相,本来就十分庄严,此刻他全神贯注、慈光满面;在座的人耳朵听到他的声音,眼睛看到庄严的阿难尊者,大家心中开始起疑:是不是阿难尊者成佛了?或者是释迦牟尼佛重新再来?或是他方的佛来了呢?

阿难尊者见大家心中生疑,开口说道:"如是我闻……"意思是:并非我阿难成佛了,是当初听闻佛陀的说法,现在又依法而宣说。

大家听到阿难尊者如此说,就知道并非他已成佛,也不是佛陀再来,更非他方的佛来了,而是阿难尊者要转述佛陀所说的法。

"如是我闻"又一作用是"息诤论"。大家都是佛陀的弟子,是师兄弟,如果是阿难所说的,恐怕会有人不服。"如是我闻"表示并非阿难所说而是佛陀所说,如此大众为尊重佛之教法,自然就不会有所争论。

另一作用是"异外道"。当时印度有多种外道教,外道的经首皆有"阿优"二字,此二字是"有"与"无"之意,外道教言:万法皆不出有与无,不是有就是无,不是无就是有。

佛教徒只要看到"如是我闻",就知道这是佛陀所说的经,而非外道教经典。"如是"是确确实实佛陀当时如此说。"我"是阿难的自称——现在我所要讲的这部经,是我阿难在佛陀的身旁亲耳听到的法。

"一时,佛住王舍城、耆阇崛山中",我们一般人开会,都会记录某年、某月、某日,但是佛法却无法详载确实的日期,因为时间会因地域的不同而有所差别。

现在的科学已经可以证明佛陀所说"四王天"的一天是人间五十年,并非无稽之谈;地球的时间和其他星球上的岁月完全不同,以地球各国而言,也有时差的问题。佛陀是大智慧者,他知道若以印度的时间来标明,到了其他国界就会行不通;为了让佛法能普遍于一切有情世界,所以,讲经的时间通常采用"一时"。

佛陀当时宣说此经,地点是在王舍城的耆阇崛山中。"王舍城"是佛讲经说法四十九年期间,使用次数最多的地方,也是印度佛教最兴盛之地。

王舍城是印度摩伽陀国频婆娑罗王所统领的国土,十分的热闹。王舍城周围有五座山,其一即是灵鹫山,简称为灵山。耆阇崛山这个地方非常清净,该山就像一只灵鹫鸟的头,所以称为灵鹫山,《法华经》及本经都是在灵山所说。佛陀说法四十九年,灵鹫山是他最为合意的道场,因为该地距离王舍城既不远也不近。

修行人一向不喜欢住在热闹的地方,因为既然已放下一切,无不希望清清净净,争取时间研究教理、受持佛法。若是住在热闹的地方,随时会有信徒来访。

不过,如果信徒是为法而来,出家人也很愿意就所了解的部分为他解释,而且在交谈之间可以增长彼此的见闻。出家人本来就是以弘法为要务,一方面研究教法,另一方面则将研究的心得再去教化众生。所以信徒若是为法而来,出家人绝对欢迎。

然而,目前的社会,多数的人都不能以法为重,完全是以投缘为考量。佛陀在入灭前,交代弟子们要"以戒为师,以法为重"。佛陀所说的教法值得大家尊重,佛教徒应该要尊重"法",依教奉行。

现在的人进入寺庙,寺里的人如果热心接待,施主一欢喜,不论该寺的人是否如法,都会热心地拥护。然而,真正想要修行的人,一定是以法为重,绝对不喜欢应酬;以佛教而言,出家人既然放弃一切欲望,又何必去迎合他人呢?出家人以静为主,不要去攀缘,所以,老实修行的人就不适宜应酬。

出家人直心为道场,没有世俗人的谄曲,说法是他的任务,而非戏言迎合信施。身为正信的佛教徒,应该护持、尊重三宝才能修福修慧,否则只会增加自己的所知障。

佛陀当年选择地点，也是基于避免被人打扰的原因，所以选择郊区较为清静的处所；但佛陀又以弘法为己任，每天都在讲经说法，为了方便信徒来听经，地点也不能离市区太远。耆阇崛山这个地方正合佛陀之意，是一个最适合弘法的道场，所以佛陀在此地说法的次数最多。

比丘的含义

"与大比丘众，万二千人俱"，大比丘是随佛出家的男众修行者。"比丘"之意为怖魔、杀贼、乞士。

"怖魔"，我们所住的娑婆世界是三界之内的五浊恶世。三界内有一位魔王，魔王认定三界之内的众生都是他的眷属，所以只要有人发了道心想要出家，魔王就会起恐怖心。

发心出家就是希望脱离三界，一离开三界，魔王就会减少眷属，因此魔王会想尽办法来障碍。有一句俗话："一寸道，九寸魔。"一个发心修行的人，障碍往往特别多；如果没有坚定的心，很容易被业障击倒，因此，如果有心修行，一定要有忍耐的心情及坚决的意志，才能挣脱魔王的掌握。

"杀贼",出家人慈悲为怀、不杀为本,为什么又叫杀贼呢?此"杀"并非持刀杀人,而是要以锐利的智慧之剑斩除烦恼。众生皆有佛性,都有成佛的可能,然而烦恼犹如"贼"一般,将我们内心的宝藏一件件地偷走了。

这些宝藏虽然没有离开我们身边,但是烦恼却将我们的佛性层层掩盖,这就是"烦恼贼"。佛弟子要尽量预防偷功德宝藏的盗贼,只要烦恼一来,立刻要除灭这个烦恼的念头。

我们的心若能定静,精神就很清朗,判断是非、分别事理的能力就很敏锐。但是当逆境一来,瞋恚心产生,内心就会像火在熏烧一般,原本清净明朗的心就被这把无名火熏黑了;所以佛弟子要有智慧,要将发脾气的念头立刻杀除,这就是"杀贼"。

若是起了贪念、痴念,也要立刻运用智慧排除掉,使这三毒无法存在;否则我们的本性宝藏被烦恼贼搬运、掩埋,佛性将永远无法显现。圣僧已万缘放下,世间没有事情可以动摇他的心,烦恼贼已经全部杀光,不会再复活了,所以称为"杀贼"。

"乞士",士是清高的人。佛陀出家成道后,回到宫中度他的族人;后来他的多位堂兄弟和姨母、妻子、儿子也都随他出家。佛陀十分慈悲,当时地位最为卑贱的奴隶也平等度化,所以佛门之中,有身份地位很高的贵族,也有奴隶出身的人,而且人人皆平等。

印度的种族阶级非常不平等,贵族永远是贵族,奴隶永远是奴隶,奴隶在路上遇到贵族要立刻回避,否则将被治罪。佛陀为了打破这种阶级不平等的观念,显示佛性平等,人种不分高下,所以规定:凡是进到僧团中,不论是奴隶出身或是皇亲国戚都必须到外面托钵,大家的生活一律平等,这也是当时一般修行者的生活方式。

佛陀出生的时代,世态纷争,人心浮沉、业障逐渐增长。

佛陀看透世人的业力,也想到未来的世界,为了要使世间的众生种福田、启善念,所以僧众都出去托钵,以便接近群众,只要供养佛僧都可以种福田、启善念。也因此,僧团的生活采取日中一食,每天出去托钵一次。

当太阳升起时,每位修行者就要持钵出门,托钵不得超过七户。第一家若布施一点点,可以再往第二家、第三家,视自己的食量而定,如果食物已够一天的需要,就可以先回到修行的处所,等到中午再用膳。

若是福薄,走过七户人家都无法乞到食物,也不可以再到下一家去乞食;要忏悔这是自己没有福报,当天就必须忍耐饥饿回到精舍。

乞士和一般的乞丐不同，乞丐为了填饱肚子而乞食；有的甚至不要食物而要钱，因为钱可以拿来储蓄。当时的出家人则不然，他们乞食只是为了要成就道业而滋养身命，决不乞讨金钱。

比丘们用过饭后，就在精舍打坐，准备听佛说法，乞法可滋养慧命，听佛讲经之后，再将自己所体会的佛法传布教化施主，所以乞士是志节清高之士，并非普通的乞丐。

在耆阇崛山听佛说法的比丘，大都是烦恼已去除的大比丘，是修行证果的阿罗汉。在此集会的大比丘人数超过了一万二千人。

"菩萨摩诃萨八万人"，菩萨即菩提萨埵，译为"觉有情"，摩诃是"大"的意思，菩萨摩诃萨是大觉有情，即大菩萨。《无量义经》里的菩萨，皆是登地以上的大菩萨，有的已到达等觉地位，已是佛补处①的果位。

菩萨分为两种：一是见习菩萨，亦称新发意菩萨——过去不知佛的教理，不懂得发心，不过，听法之后，不但能够了解，还能发心行菩萨道。菩萨道就是"上求佛道，下

---

① 补处，即"一生补处"之略称，意为经过此生，来生定可在世间成佛；故补处即指最高位的菩萨。如阿弥陀佛自誓，凡他方国土的菩萨欲往生西方净土者，必使其至一生补处位。

化众生"的道业,新发意菩萨听了佛法之后,立志学佛的慈悲精神,实行教法、救度众生。

菩萨摩诃萨并非初学的菩萨,个个都已经具备佛的慈悲及精神,脚踏实地完成许多功德,所以称为大菩萨。佛陀说法时,灵鹫山上的大菩萨就有八万人,其余还有许多大臣、长者,场面极为盛大。

天、龙、夜叉、乾闼婆、阿修罗、迦楼罗、紧那罗、摩睺罗伽;诸比丘、比丘尼;优婆塞、优婆夷俱。

天道也是属于六道之一,只是天人的享受比人间好很多,苦少乐多。他们能够生在天堂享乐,而我们却生在苦恼的娑婆世界受苦,这是因为各人所修的因不同所致。

有"天堂"的说法并不是佛教才有,世界上很多宗教都承认除了人间以外,还有更快乐的天堂存在。一般人很容易于身口意三业中,造下十恶业,必须是修十善业的人,才能生到天堂。

十善业是生天之因

十善业即身三、口四、意三等善行——身三善业即不杀生、不偷盗、不邪淫。除了不杀生之外,还以怜悯心去爱护生灵。贪生怕死是众生共同的心态,凡是有生命的动物皆欲生而不欲死,即使微小如蚊虫、蚂蚁也不例外,所以我们要爱护生灵,不犯杀业,自然可以培养慈悲的善业。

"不偷盗"即不义之财不取,应知"少欲为最富"。过去有一位少欲知足的人,他虽然十分贫穷,但是每天都充满欢喜与满足。他的快乐源于不贪,只要食物足以果腹,衣服足以蔽体,他就感到很满足了。工作时他努力地做,领到的工资即使不很多,但他都雀跃万分。雇主看他如此高兴,心想:我日进斗金都没有这么快乐,他只不过得到一点点就如此兴奋,真是一个大傻瓜!

事实上,他并非愚人,而是真正大智若愚、有智慧的人;他不贪著,不争,不计较,因为他有长远的眼光,看透世间的世相,也了解人生的享乐都是片刻即逝,而且"享乐"是苦的开始而非真正的快乐。

"欲"是一种苦受。现代人的物质生活提高,欲望充斥着每一个家庭。世人美其名为提高生活水准,事实上许多罪业也由此产生。当很多人都有洋房、高级家电、汽车时,较穷的人若肯以正当的方法去赚钱、购买倒还好。但是有的人见到别人有豪宅,而自己无力购买,为了贪图享受便生起歹念去诈欺、抢劫……他们会这么做,大多数是为了满足不正当的欲望。如果能少欲知足,自然就不会受到世俗的诱引而有偷盗诈欺等犯罪的恶行。

"君子爱财,取之有道",不是自己的东西,不可以去取,取了就会造业。学佛的人一定要控制自己的心念,不要盲目随着世俗的流行趋势而走;唯有少欲知足,才是最快乐的人。

看看那位知足的工人,他所领到的是微薄的工资,快乐却远比另一位百万富翁来得多,他是不是心灵富有的人呢!学佛的人非但要少欲、不偷盗,更要将一部分积蓄拿出来布施,见到苦难的人能付出爱心;如此福报将更大,这就是第二种善业。

至于"不邪淫",世间凡夫俗人的淫欲心最为炽盛。孔子说过,好色之人,若能将好色之心转为仿效贤人之心,此人将来必定可以成贤。由此可见,世人好德之心,远不如好色之心。

一个人发心念佛,若是道心不坚固,可能第一天念一万声佛号,第二天念八千,到了第三天就只念六千,仿佛下楼梯般地层层下降。就像俗话说的——第一年学佛,佛在眼前;第二年学佛,佛在半天;第三年学佛,佛已不见。现在的人仰慕贤人的心很薄弱,贪色之心却很强。有的年轻人为了感情甚至可以殉情,若能将寻死的念头转过来为社会贡献一己之力,将来必定可以成功为好人生。

淫欲真是害人不浅,六道中的众生之所以绵延不绝,也是淫欲所致。所以佛陀成佛之后,提倡修清净行。出家人要完全戒除淫欲,在家信徒则不可邪淫,先生必须忠实地对待妻子,妻子也要遵守妇道。有些居士甚至发心受在家菩萨戒,于斋戒期间和出家人一样,完全断淫欲,可见真正的佛弟子非但不能邪淫,更要谨守人伦道德。

口有四业:妄语、两舌、恶口、绮语,这四业不犯即是四善业。《地藏经》云:"举止动念无不是业无不是罪。"有的人一开口就伤人,这就是"恶口",有违慈悲的本怀,我们必须以慈言爱语来引导一切众生;说话应该说有益于人的话,多说好话也是善业。身为佛教徒,必须言而有信,不但守信更要守时,千万不可"妄语",守诚、言行一致是人格升华的善业。

"两舌"就是搬弄是非,两舌的人将来死后,堕入地狱必受耕舌之报;舌头被钩出,再以铁犁耕过,因此我们不可以两舌。"绮语"是说些迎合他人的不诚实语,为了自身的利益而说得天花乱坠。孔子说:"巧言令色,鲜矣仁。"一个喜爱花言巧语的人,很少具有道德心。身为佛教徒应该以直心为道场,以智慧言语调和人与人之间的感情，所言皆是诚实语。

意业有三：贪、瞋、痴。一切的业皆由心起，修行人要修得不贪、不瞋、不痴。不但不贪，还要布施；不但不瞋，还要爱护一切；不但不痴，还要以正见知识来判断是非。总之，能转贪为布施，转瞋为慈悲，转痴为智慧，即是"意"三善业。

每一道的众生，皆是由自己所造作的业而受报。若能谨守十善业"不贪、不瞋、不痴、不妄语、不两舌、不绮语、不恶口、不杀生、不偷盗、不邪淫"，将来自然可以生在天道。若是能守五戒，将来则会再投生于人间。

"天"道虽然比人间快乐，但是生到天上亦非究竟之道，天人的寿命很长，天界愈高，寿命也愈长。佛经云忉利天的人寿平均为一千岁，忉利天的一天是人间的一百年，我们过完一生，天堂一天还没过完。但是，他们天福享尽、寿命结束时仍旧要堕落，而且很可能会落入恶道。

因为众生的业是自作自受，善业恶业的种子都在八识田中，并不会因为行善而抵消恶业。行善业可以享福，造恶业也须由自己承担苦报，所以我们一定要十分谨慎。学佛就是希望能净化心地、超越轮回，即使是天道也不想去；学佛者要发大愿，于未来亲证佛果，如佛一般引度一切众生,同至安乐的净土。

地球即将毁灭?

曾经有一位日本妇女来访,她到台湾来游览是因为读到一本书——描述地球即将毁灭。抱独身主义的她决定开始环游世界,第一站就来到台湾。

因为她是一位佛教徒,所以来到台湾就到各大寺庙参拜。她问我要如何才能脱离六道?我告诉她:"想要离开六道,必须勤修佛法,依照佛陀所说的教法去实行,才能离开六道,不会再入三界受苦。"

经云:"三界如火宅。"三界众生是众苦煎逼,所以若欲超越娑婆世界,千万不要求生天道,因为天道亦是八难①之一。天人寿命长、享受多,所以他们不知道要修行,此为"富贵学道难"。佛皆是在人间成而不是在天道修成,因此佛教徒不要执著生天,我们每做一件善事就要回向佛道;上求佛道,下化众生,才能超越三界,证得佛道。

再看经文,"龙"是属于旁生类,古代人都相信龙能布

---

① 八难,指不得遇佛、不闻或不信正法等八种障碍。(一)在地狱难。(二)在饿鬼难。(三)在畜生难。(四)在长寿天难。(五)在边地难。(六)盲聋喑哑难。(七)世智辩聪难。(八)生在佛前佛后难。

云降雨。"夜叉"是飞行于空中的恶鬼。"乾闼婆、阿修罗",乾闼婆是天帝之乐神,阿修罗道指的众生享有天福而无天德,性情暴躁,瞋心特重。

"迦楼罗"即大鹏金翅鸟、"紧那罗"是天之乐神、"摩睺罗伽"即大蟒神。每次佛陀准备说法时,他们就会以天乐来赞佛、供养佛。除了天龙夜叉等非人来听佛说法之外,尚有诸比丘、比丘尼、优婆塞、优婆夷。优婆塞是佛陀的在家男众弟子,优婆夷是在家修学的女居士。

大转轮王、小转轮王、金轮、银轮、诸转轮王;国王、王子、国臣、国民、国士、国女、国大长者,各与眷属,百千万数,而自围绕,来诣佛所,头面礼足,绕百千匝。烧香散华,种种供养。供养佛已,退一面坐。

因为印度于古时代经常为了争取国土而战争,所以当时的印度人民,十分盼望有大转轮王出现世间,可以统领全国。

由于战乱不断,所以很多人心里都祈求"转轮圣王"出世,使天下太平、人民长寿,可以平平安安地生活。不过,大转轮王并未出现过,或许只是他们心中理想的人物。

当时与会的国王除了自己奉持佛法,还率领着他的眷属及国臣、国民、国士、国女、国大长者一起来听法。佛法难闻,我们除了自己听法,还要鼓励亲人去听法,因为佛法可以启发人心,引导我们向善。

一个家庭若人人都能信佛,自然就能父慈子孝。正信的佛教徒心地慈悲,将一切众生当作自己的儿女,男众必是慈父,女众必为贤妻良母,儿女若能信佛,将来必能成为社会的优秀青年,这就是一个幸福的佛化家庭。

信佛的人首先必须要守五戒——不杀生、不偷盗、不邪淫、不妄语、不饮酒。一国之中,如果大多数人都能学佛,这个国家必定会强盛安定。所以,当佛陀讲经说法时,一些国王为了让国家能够兴盛,都会尽量鼓励人民去听法。

"各与眷属,百千万数,而自围绕,来诣佛所,头面礼足,绕百千匝",这些国王、王子、国臣、国民各自带领眷属,共有百千万数,来到佛前恭敬地围绕,于佛陀座下五体投地礼拜。印度人认为人最尊贵的是头部,他们以最尊贵的头顶礼佛足,并且绕百千匝,以此表示他们最虔诚的敬意。

"烧香散华,种种供养。供养佛已,退一面坐",绕佛之后,为了要清净道场,他们烧最珍贵的沉香、檀香。

听经及说法的人,最重要的是心要清净。因此,我们平日烧香要选择品质好的香,数量则不必多,优质的香可以镇静精神,而烧香及散花都是恭敬的供养。

何谓三种供养?

供养又分"利供养、敬供养、行供养"三种。利供养:是以花、果等物质来供养。如果没钱买花、买香也没有关系,我一向都告诉大家:进入道场最需要的是清净的气氛,不要因为没钱买花买香,就不敢上寺庙去拜佛,这样会失去信佛、学佛的机会。

敬供养:虽以花、香供佛,若是没有恭敬心,依然没有作用。可见敬供养比利供养来得重要。进入寺庙,态度一定要端正,礼佛时要观想佛在眼前,恭恭敬敬地礼佛之后,还要顶礼寺里的方丈法师,这是三宝弟子进入寺庙必须注意的礼节。

行供养:"行"即是身心的修德行为,敬供养虽然不可少,但万一身体不适,无法起身礼佛,在心中默念佛号亦无不可。不过,只要身体可以做到,行的供养就应注重不可舍离;此外,慈悲的愿行,我们时时刻刻都不能舍离。莫忘身、口、意必须付诸善行,恶事则绝对不可以去犯,依教奉行就是行的供养。

当时，灵鹫山法会中来到佛前的人已经具足了这三种供养——烧香、散华是利的供养；绕佛礼足是敬的供养；与会的菩萨、大比丘皆已断烦恼，心地已经清净，依照佛的法门修行，具足了行的供养。

> 其菩萨名曰：文殊师利法王子、大威德藏法王子、无忧藏法王子、大辩藏法王子；弥勒菩萨、导首菩萨、药王菩萨、药上菩萨、华幢菩萨、华光幢菩萨、陀罗尼自在王菩萨、观世音菩萨、大势至菩萨、常精进菩萨、宝印手菩萨、宝积菩萨、宝杖菩萨、越三界菩萨、毘摩跋罗菩萨、香象菩萨、大香象菩萨、师子吼王菩萨、师子游戏世菩萨、师子奋迅菩萨、师子精进菩萨、勇锐力菩萨、师子威猛伏菩萨、庄严菩萨、大庄严菩萨，如是等菩萨摩诃萨八万人俱。

以上诸大菩萨皆是因德行而得名，闻菩萨名，我们应该起惭愧心。因为人人本具佛性，人人皆可成为菩萨，而诸大菩萨得以永垂不朽，令人仰慕，但是至今我们却还是凡夫，这是我们应该反省之处。

众生的本性清净无染、无私而平等，只因一念无明，生生世世于六道中轮回；佛性被障蔽，所以内心迷惘了，自私自利不肯为人群服务,不能以菩萨的志向为志向。因此,当我们念到菩萨名应深以为戒,从此刻要开始精进,做新发意的菩萨,千万不要怕辛苦;想要行菩萨道,就要具足忍辱精神和坚定的志向。

好人虽然难做,但我们更要立志去做。比如:慈济的委员,为了救济贫困必须到处劝募,有时候会员不在,委员还要为他们代垫。明理的会员知道捐钱是为自己种福田,大都很乐意捐钱;如果碰到不明理的会员,不但脸色不好看,有时候为了几十块钱,委员还得跑好几趟。

委员们为了"布施"的救济基金来源,不能不用心劝募,即使别人的脸色不好看,还是要以诚恳的态度去鼓励对方。因此,如果没有坚强忍辱的精神,就无法胜任委员的工作。菩萨为了救众生,一定要忍耐一切;即使受到耻辱也不为所动,心力的奉献、物质的布施,甚至权势的打压也在所不辞,永远不退失菩萨的宏愿。

舍利弗的发心

修持六度的确艰难,举例如舍利弗于佛弟子中号称"智慧第一",佛陀曾讲述舍利弗过去的修行过程中,为了学菩萨行,曾发心布施一切给众生;只要众生有所求,他一定要满足对方的心愿。

他身为大长者,有名望有财富;后来将财产全部布施给贫困者,一直到身无一物,他的布施之心仍未稍减。他说:"过去古佛为救众生而割肉喂鹰,我也发愿要将身体布施给众生。"

他发了大心之后,有位天人想试探他所发的宏愿是否坚固。天人化身为一位青年,坐在路边哭泣,大长者看到问他:"年轻人,你为什么哭得这么伤心呢?"青年说:"我告诉你也没有用!"大长者说:"你说说看,或许我能够帮助你也不一定。"

青年说:"我的母亲病得很严重,大夫说必须要有药引才能开药;而药引必须取自一位心地好,修行功夫也很好的人,以他的眼珠来和药,我母亲的病才可能痊愈,可是我要去哪里找这种药引呢?"

大长者说:"没有问题,只要一颗眼珠就可以救你的母亲,我立刻就可以给你。"说完立刻挖出他的右眼给这位青年。青年大叫:"哎呀!对不起,我忘了告诉你,大夫说过必须要左眼才有效。"大长者无奈地说:"没有关系,救人就要救到底,我的左眼马上取下来给你。"

这时候大长者两眼已盲,青年接过眼珠,拿到鼻前闻一闻,故意说道:"大夫吩咐过,修行人的眼珠必须非常清净,你的眼珠味道这么腥臭难闻,显然你的修行并不清净,这样的眼珠怎么能够当药引呢?"说完就将眼珠丢掷在地,并且用力去踩踏一番,故意让大长者听到声音。

大长者此时深感心灰意冷,心想:菩萨行难修,舍了眼睛还让人嫌腥臭。他本来修大乘行,愿意舍身为众生,但是遭受逆境后,他退转了,决定回到小乘独善其身的修法,从此不敢再发心行菩萨道;直到今生遇见释迦牟尼佛才有所改变。由此可知,菩萨道难行;但是唯有行菩萨道,才能渐入圣道,证得佛果。所以,我们一定要有坚定的决心,即使遭受嫌弃也不退转。

现在既然念菩萨名,就要常常自我反省:不要因为菩萨道难行就退却了。大家必须了解,地球是十分危脆的,何时要毁灭无法预期。生命更是无常,人事物生灭多变,我们如何预定修行的时间有多长呢?所以必须把握当下,及时努力去做。切记"一失人身,万劫难再",纵使再来做人,能否听到佛法也是未知数。所以,菩萨心要在发愿之后恒久去实行,才能成为精进不退的大菩萨。

> 是诸菩萨,莫不皆是法身大士,戒、定、慧、解脱、解脱知见之所成就。

这些志愿为众生离苦得乐,而付出无所求的大菩萨,共有八万人。"法身大士"是累积修行而断除一分无明,即显一分法性之菩萨,亦即立大志、行大愿的大菩萨。

既为佛弟子,不能不守持戒律,"戒"可防非止恶。人在世上若不谨慎,举手投足都很容易造罪业,因此我们不论是一举手、一投足,乃至开口动舌都要小心谨慎;身业要保持清净,不能有杀盗淫的情形发生;口业要预防不当的言语;心境更要清明沉着,不要起了贪瞋痴的恶念。

我们要时时保持自己的涵养,有的人心情开朗时就笑脸迎人,遇到不如意的境界,怒气一生就开口骂人,甚至还动手伤人。这种人往往还自我辩解,声称自己的心地很好,只是脾气不好而已。事实上,一个容易发脾气的人,就不能算是好人,因为他的修养功夫还不够。

我们若要做一位菩萨,必须确确实实做到:外面的境界现前时不喜、不瞋。你嫌弃我,我不瞋;你赞叹我,我也不喜。一切以平常心看待,涵养的功夫达到极致,就是持"戒"清净。这些菩萨皆是法身大士,涵养极深,不会受外境动摇,不会做出违反人道的事情,因为他们已具足了"戒"。

"定"即不乱,修行必须修到任何事都不会扰乱自己的心。心如止水,欢喜悲伤皆不动摇,将一切众生都当作自己的眷属，任何事情都可以原谅，不被境界所转。"定"是由平日的修持而得，要将杂念放下，视名利、得失如浮云，唯有摒除欲心才能得定。

这些大菩萨已经具足戒德，心不散乱，智慧具足，到达解脱的境界，是真正的大菩萨而非新发意菩萨。

> 其心禅寂，常在三昧；恬安澹泊，无为无欲；颠倒乱想，不复得入。

这些大菩萨，内心的境界常在禅寂之中，禅即定，只要是佛所开的法门，皆是为了引导我们进入禅寂的境界。佛陀施以种种的教法，无非是要使众生能够弃除烦恼；唯有如此，心才能达到禅寂的境界，此时心境即得寂静轻安。

一个平日就很用功的人，且智慧具足，判断是非的能力也会很强。当事情做好之后能随即放下，心里丝毫没有挂碍的人，他的心境必定清朗寂静。我们学佛，不论是修行或做事也必须"前脚踏出，后脚提起"；不要时时去计量，即能恬安澹泊。布施千万不要存有期待回报的心理，有"我相"的布施，内心就不得清净。学佛，必须修到任何时刻都在禅境之中。

过去的大德曾说过,挑水运柴无不是禅。念佛时,不只口在念佛,心也要念佛,这是要训练念佛人行为举止皆在一念中。我们都是凡夫,必须以佛的圣号来训练心地的功夫,使心不受外境动摇,"颠倒乱想,不复得入",没有烦恼的生灭即为禅。

"寂"即是静,指心不受外境动摇;"三昧"亦是禅,三昧意指心止一处,不令散乱而保持安静。菩萨的心常在禅寂之中,不受世事烦恼所困扰,"恬安"即恬静轻安。

佛印禅师与苏东坡

过去有一则公案——苏东坡曾写一首偈:"稽首天中天,毫光照大千;八风吹不动,端坐紫金莲。"然后命书僮送与佛印禅师,表示他的心已十分恬静,任何大风大浪都打不动他的心。当时佛印禅师就写了一张纸条,请来人带回给苏东坡;苏东坡一看,上面竟然写着"放屁"两字,他非常生气,随即过江兴师问罪。佛印禅师安闲地说道:"居士不是说,你的心已'八风吹不动',为何'一屁'就将你打过江来呢?"

由此可知,我们应于平日好好训练定力、培养德行,等到逆境来时,才不会生起瞋恚烦恼。同时要训练自己少欲知足,透视外界欲境的虚幻而完全放下,不去计较得失。习禅的人,尤其要安住在恬安的境界,如此心才会定静,心静则身能安。

我们的心若不能恬安,身体即不得安康;心能安定身即安康。菩萨已训练到心在寂静中,心常安泰,身体自然就很轻安健康。

"澹泊",即对世间没有贪求,不为世间的名利地位所动,只有救度众生的心志。"无为无欲"即所做的事情都不是为自己的利害得失。菩萨并非完全无欲,但是他的欲和凡夫不同,是清高的希望,祈愿世间能祥和平安。

凡夫皆离不开"财、色、名、食、睡"五欲。财、色、名、食、睡是地狱五条根,众生总是在这五条根里打滚,一生的劳碌,大多是为此而忙碌。正当的赚钱方法倒也还好,有的人却为了不义之财而造业。例如:为官者贪污,经商者成为奸商,更有为财而杀人抢劫者。

曾有一位记者问我:"师父,慈济功德会的委员,每一个人都很卖力付出,几乎每个月都有好人好事,您为什么不在慈济的杂志上发表呢?"

我说:"慈济的委员完全是为众生在做事,绝对不是为了名利而做,若是计较名利,志业绝对无法成就。我希望慈济委员个个都能抛开名利心,每一位正信的佛教徒,都应该任劳任怨为众生服务。如果参加慈济委员的行列,还要计较自己的善行是否被刊登出来,这样的人根本没有资格加入慈济委员的行列。"

"想要成为功德会的委员,必须具足'诚'与'正',确确实实是在为民众做事、接引大众,贡献自己的力量来为大众服务;正即正当的见解,没有偏私的念头。如果为了沽名钓誉才加入委员行列,就很难长久处在慈济团体中,慈济功德会之所以受到肯定,完全是建立在诚与正上;人人都不求名利,委员们一心一意助人而不求报,确实是发心的菩萨。"

记者听了说:"真是难得!慈济功德会之所以被肯定,完全是因为大家不求名利而付出。"

我们做事除了要诚与正之外,无论付出多少都不要放在心上。若是做了一点点就计量于心,功德将微乎其微;如果做完就让它过去,这才是真功德,只要认真地做,不求名利反而容易受到肯定。现在研究本经,是为了要了解菩萨的心境。我们既然是新发意菩萨,就要开始学做菩萨,不论布施或者任何付出,都不应求回报。

这些菩萨的志节清高,已到无为无欲的境界,唯一的期盼就是上求佛道,下化众生,以利益众生为己志。

"颠倒乱想,不复得入",颠倒是指无明、欲念及不正的见解。众生之所以成为凡夫,皆是因为颠倒,违背了本性,凡事自私自利,只为自己打算,甚至在世间胡作非为。我们必须了解,生活在世间是为群体生活,并非一个人就能生存。"众"即多数之意,众生应互为利益,共同生存。

比如:我们想要吃一碗饭,必须经过多少人的付出!首先要经由农夫的耕种、收获,再由商人贩卖。生米买回来,还需要经过炊煮;炊煮前使用的火柴、锅灶等用具,也需经过许多人的付出。光是一碗饭就需要这么多人的努力,可见众生是相互依赖生存的。既然如此,我们应该要互相照顾,慈悲普视一切众生,千万不要有只求自己好、不顾他人生死的念头。

不论是拜佛或者做任何善行,我们都要以虔诚的心来祈祷风调雨顺、国泰民安。天时若顺,地球上没有灾害,我们自然可以平安快乐。如果为了自己的名与利而对佛有所求,满愿之后才肯添油点灯,这无异是交易的行为。

佛陀是我们心灵上的导师,我们应该时时刻刻依照佛的教法去实行,能依教奉行,自然就不会去造恶业;不造恶业,就可免除灾难。

佛陀是过去无量劫、修行证果的圣人。他明知这个世界的众生最刚强,最难调伏,业障也最重,但是为了救度众生,他依然深入五浊恶世来做度化的工作。我们既然要学习做菩萨,就要不畏辛苦;愈是辛苦的工作,愈需要亲自去做。而本经所举的这些菩萨已经"颠倒乱想,不复得入",能以大悲平等的心去成就别人。

　　静寂清澄,志玄虚漠;守之不动,亿百千劫;无量法门,悉现在前。

"静寂"即心不动念,心静,意志即清净。当我们打坐时,即使是很小的声音,耳根也能立刻察觉到;外面的风声以及树枝摇曳,也都能敏锐地感受到。我们平时就要加以训练,心能平静,智慧就会明朗,判断力也会增强。好比一面明镜,自然能清楚地映照外境,犹如清静的湖水可以映照明月。

放下烦恼智慧生

曾有人问我:"师父,我要如何才能开智慧呢?"我说:"只要你放掉烦恼,心无杂念,自然就会启发智慧。"他又说:"我就是无法去除心中的烦恼,想不烦恼都不行呢!"我说:"已经告诉你方法,你要试着做,否则,只一味地求师父给你智慧,这真是一项奢求。莫忘了智慧是可以训练的,首先就要依法观照、放下烦恼,智慧才能显现。"

这些大菩萨的精神清净明朗,可以很正确地判断是非,因为他们心境宽阔,志玄虚漠、毫无贪求。一般的凡夫皆以狭窄的眼光在判断事物,但是菩萨的心胸开阔,一件事在行动之初,他就能预测后果;凡事只要有利于大众,即使牺牲自己也在所不惜。对事情的看法深入且透彻,绝对不是表面功夫。

任何事物我们都必须仔细去观察,才能发掘出美好的一面。而粗心大意的人,往往只看表面而忽略了美好的内在。

古人说:"君子如青松,小人如红花。"君子的外表犹如青松,看起来并不起眼,但是如果在各种境界中仔细观察,将会发现青松的毅力无限,不畏风霜。小人让人乍看之下,虽然姹紫嫣红、无限艳丽,但是三五天之后,鲜美的红花就凋谢了。红花虽美,但是不长久;青松虽无出众的外表,却能屹立不摇。

菩萨的志愿要如青松一般,经得起风雨的考验;更要有坚强的魄力,勇于接受磨练。君子的志愿广大,见解力强,凡事皆以大众的利益为先,此为"**静寂清澄,志玄虚漠**"。

"**守之不动,亿百千劫;无量法门,悉现在前**",菩萨的心是以为众生服务为目的,这种志愿并非短暂的,而是从初发心开始,经过亿百千劫都不会退转。他们得一善而拳拳服膺,生生世世都守着为众生服务的志节,没有丝毫自私的心,这就是菩萨广大的心胸以及坚强的志愿。能够如此,无量法门就会显现在前。

得大智慧,通达诸法;晓了分别,性相真实。

先以一则小故事为譬喻,有一位老婆婆,家境十分贫穷,仅有的财产就是一条毛毯。有一天,好不容易出现了阳光,老婆婆立刻将毛毯取出来晒;她唯恐毛毯被窃,所以就搬了一张椅子,坐在毛毯旁边看守着。

有个小偷想要窃取毛毯,但是老婆婆在旁看守着,让他苦无机会下手。于是便想了一个办法,他走到老婆婆面前,告诉她:"老婆婆,现在的贼很狡猾,偷了别人的东西,还要人家向他道谢,你要特别当心才好。"老婆婆说:"怎么可能?我一直在这里守着;而且小偷若偷走我的东西,我一定会很生气,怎么可能还向他道谢呢?"

小偷就说:"你若不相信,我可以示范给你看看。现在你在此看守毛毯,我来扮演小偷。当小偷来时,会和你谈得很投机,告诉你:'老婆婆,你坐的地方阳光不够充足,我帮你将毛毯拿到阳光较强的地方晒,同时用棍子把上面的灰尘打掉。老婆婆,你会对我怎么说?'"老婆婆说:"真是太感谢你了。"

就在老婆婆不断低头道谢时,窃贼拿起毛毯就扬长而去,再也不回头了。俗话说:"贼计状元才。"他为了偷取财物而运用世智辩聪;将聪明用在不好的地方,这就是"恶智聪明"。

"**大智慧**"也是人人本具,有的人显发于外,而恶业重的人则掩埋在深处。学佛的人有了智之后,必须要有纯良的慧,才能运用智力于善处。"智"能分别世间的事相,"慧"则可以了解出世间的真理。菩萨的智慧具足,他们不但可以分别世间的事相,更能了解出世间的真理。

"**晓了分别,性相真实**",晓了即明白。菩萨通达诸法,可以分别众生的心性,并且了解世间的事相。在度众生之前,首先要了解众生的喜怒好恶。例如:一个饥寒交迫的人,你若强迫他信佛,他一定无法接受。菩萨首先会设法让他吃得饱、穿得暖,然后再引导他走向追求真理的佛道。所以,如果希望佛教能够普遍的被众生接受,一定要先去利益众生。

《普贤菩萨行愿品》中的恒顺众生,就是依照众生所需要的法门而施教。不但要了解众生的特性与欲望,还要了解时机与世相,观机观时以施教。

> 有无长短,明现显白;又能善知诸根性欲。

众生的根器不同,有的人执空,有的人执有。菩萨必须观众生的根器,视其智力高低而施教,所以菩萨首先要有深沉的眼光,才能充分了解众生的根性及成熟的时机,同时也可以明了众生的欲念。

上根器的人可以闻一知十,根器低下的人则无法体会。所以,对于智慧较高的人,要以较深的道理去引导他;对于根器低下的人,要以浅显的方法去开导他。

> 以陀罗尼,无碍辩才,请佛转法轮,随顺能转。

"陀罗尼"是印度文,译成中文为总持,能持能遮之意。能持一切善法,佛陀所说的教法与功能,他都能纳受;反之,也能遮止一切恶法,预防不善法的发生。

陀罗尼有四种:

一、法陀罗尼:即法之总持,佛所说的一切教法,他都能总持受持,又可以称为闻陀罗尼。

二、义陀罗尼:把持佛陀的教义,好好加以运用而不忘失。

三、咒陀罗尼:咒即秘密语、咒法。若有禅寂定力的功夫，持咒成功可以得到感应。

四、忍陀罗尼：我们想要为众生做事、成就菩萨愿行，必须具备忍的功夫。想要得到陀罗尼，一定要能堪忍一切苦，不论受到任何挫折都能忍耐，这样才能真正成为菩萨。

与会这些大菩萨因为具足四种陀罗尼，所以辩才无碍，可将心中所理解的教法，用来教化众生而无所障碍。说法的人不但要先去理解教法，同时也要实行教义，然后再加以宣讲，这才是实在的法。如果只是依照字面解释，就不能算是真正的法。法，一定要流入心中再显露出来；就像把食物吃进胃里，经过消化吸收，再供给身体所需，有了这个身体，我们才能付出力量。

我慢心重的众生，不肯接受菩萨的教诲；卑劣慢的众生则逃避教诫。菩萨的人格清高，没有分别心，愿意慈愍一切众生。菩萨无法直接施教时，只好以间接的方式，令众生能自己觉悟。

菩萨的随机度化

过去在大陆的浙江省，离普陀山不远处住着一个不孝子。他以杀猪为业，家中尚有一位老母亲。他白天出去做生意,夜晚则到处花天酒地。每次喝醉了回家,叫门的第一声,母亲必须立刻来开门;要是让他叫了第二声、第三声,一进到屋里,老母亲必定会遭到他的打骂。

老婆婆是个虔诚的佛教徒,心地很善良,受了委屈无法对外人讲,只能向观世音菩萨诉苦。每天儿子一出门,她就跪下来求观世音菩萨。她担心儿子犯了重业,因此祈求观世音菩萨,能令她的儿子早日觉悟、去恶向善。

普陀山每年从过完年,一直到二月十九日之前,香火都十分鼎盛,有的人甚至坐好几个月的船去进香,而这些进香客一定会路过这对母子所住的村庄。不孝子对朝圣的盛况十分好奇,到底观世音菩萨是什么样的人物,为什么会有那么多人远道来朝拜?后来,他决定亲自去看个究竟。

他一早就乘船出发,抵达普陀山时已经时值黄昏。普陀山是观世音菩萨的道场,山上到处都有寺庙。其中一座寺庙,有一位蓄长胡子、很有德相的老和尚在观世音菩萨殿前念佛,威仪庄严,这位不孝子,见到德相庄严的老和尚,不禁生起了恭敬心。

他问:"师父,我是来找观世音菩萨的,请问观世音菩萨长什么样子?现在在什么地方?"老和尚说:"很不凑巧,菩萨出门去了。我听他提起要到一位沈施主的家,您大概就是沈施主吧？菩萨已先到您家去了，机会难得您赶快回去吧！回到家后，当您看到一个披着外衣、鞋子倒穿的人，那个人就是观世音菩萨。"不孝子听完不敢有丝毫迟疑，立刻搭船回去。

另一方面，他的母亲在家一直祈求观世音菩萨，说："我的儿子今天发了大心，到普陀山进香，一路上都必须搭船，求菩萨保佑他旅途平安。"真是天下父母心！儿子平时虽然对她不孝，她却没有丝毫怨言，见儿子还未回家，仍担心地祈求菩萨保佑。等到夜深、人也累了，老婆婆只好先去休息。

不孝子回到家已经是深夜时分。他想到观世音菩萨在家等他，不敢怠慢，所以一回到家便大声地叫门；老母亲等他未归才刚睡着，听到叫门声、猛一惊醒，立刻起身去开门……

当她急急忙忙把门打开时，儿子见到开门的人"披着外衣、倒穿着鞋子"，立即跪下来直叩头。这突如其来的举动使她不知所措，仔细一听，儿子口中喃喃叫着："观世音菩萨……"刹那间她镇定了下来，发现自己一慌张披反了衣、倒穿了鞋，但儿子为何突然这样恭敬叩头？猜想可能是菩萨已度化她的儿子。

老婆婆心安定下来，对儿子说："你把头抬起来，是我,不是观世音菩萨。应是菩萨教导你:如果想要礼敬观世音菩萨,首先要敬重堂上的母亲;若是对堂上父母不敬,只想跑到那么远的地方去找菩萨,那是颠倒,求不可得。"

不孝子听到母亲的话,刹那间如梦初醒、觉悟了。他体会到观世音菩萨的灵验,知道是菩萨在为他说法。原来母亲就如菩萨,时时刻刻慈悲地照护着自己;而观世音菩萨则慈悲地看护一切众生。从此他彻彻底底地改过,为了不造杀业,他也换了职业,成为一个正信的佛教徒,并且娶妻生子,好好地孝养母亲至百岁终老。

这就是菩萨的智慧,观世音菩萨为了度化众生,他并没有直接向不孝子说法,而是以方便法来化导他。佛法难闻,今天我们已得人身,得闻佛法,又能在菩萨道上专心修行,真是值得庆幸,所以,大家要好好地把握时间精进。

为了学佛度众生,我们必须要多听、多研究,听了之后还要身体力行,自己的威仪也要加以调整。我们所学习的威仪规矩,并非只限于在这七天内使用,希望大家学好之后,时时刻刻都要依照规矩去实行。

孔子说:"学而时习之,不亦悦乎。"学习一件事物之后,如果能够勤加练习,熟悉之后不是很得心应手、很快乐吗?就像刚才我们调整威仪及念佛的秩序,现在道场内秩序井然,是否令人觉得心情舒坦呢?每一个人,如果都能调整好自己的威仪与规矩,整个团体就是个成功的团体。

"请佛转法轮,随顺能转",菩萨不但上求佛道,在吸收佛法,调整身心、去除烦恼之后,更以智慧辩才来教化众生。菩萨求法的心永无止境,度化众生亦无止境。"法轮",佛法如轮,一方面可以辗破罪业的种子,一方面可以普及一切众生。

"随顺能转",菩萨能够得一善而拳拳服膺,而且学无止境,我们也要一面学习,一面教别人,若有不懂之处,要尽量发问。孔子曾说,君子要不耻下问。

众生的执著心重,私我心强,凡事皆以自己的立场为出发点。一个人若有我相就会有贪欲,有了贪欲就不会顾及他人,业障也因此日积月累。若不是佛陀的教诲、勤转法轮,众生的贪执绝对无法破除,所以我们必须听法,才能体悟人生无常,眷属的关系只不过是"假聚",即使是我们的身体,也无法永远拥有,世间更非我们永居之地。

失去人身之后,日后若受报于六道中,所受的苦报绝对多于乐受。因为六道之中,除了天、人之外,其余都是恶道。阿修罗虽然享有天福却没有天德,时常发脾气也是一种痛苦,因为内心时时忿忿不平,不能恬静喜悦;地狱、饿鬼、畜生道更是苦不堪言。我们的身体虽然是假合之身,然而所造的业却是真的,丝毫都逃不过业报,所以,一定要依佛所说的教法实行,去掉我执、不造恶业。

有了转法轮的功德,才能去除恶业。佛陀说法是在转法轮,佛法要说给许多人听,传播到很远的地方,所以菩萨时时刻刻请佛说法、转法轮。

微渧先堕,以淹欲尘;开涅槃门,扇解脱风,除世热恼,致法清凉。

"微渧先堕",众生的心本来是清净的,但是,由于无始劫来流转于六道中,心性被外界的尘垢一层层地掩盖了。犹如一面明亮的镜子,不断地被尘埃覆盖,日子一久就无法照明外境;又如风沙滚滚的大马路,一阵风来就尘土飞扬,看不清前程。

佛法就如朝露,露水虽然微细,但是经过一夜露水的滋润,第二天清晨,尘土早已湿润而不飞扬。

我们接受佛法也是一样,每天一点一滴渐进地研究,心中厚重的烦恼,因为法水点点滴滴的滋润而减轻许多,虽然烦恼仍旧存在,但是在无明烦恼即将生起之时,可及时提醒自己,不可以随便发脾气,要透视烦恼的虚幻性,使我们心中的无明、垢秽不再滋生。

"开涅槃门,扇解脱风",涅槃是佛寂光的境界,是寂静之意。众生都有不好的习性,若能时时反照自心,以佛法调伏无明、欲念,日子一久就会成为一种习惯。比如:我们一开始学习绕佛,大家的脚步参差不齐;念"南无本师释迦牟尼佛"时,要由右脚开始,大家一定要用心来调整自己的脚步,时间一久习惯养成,即使不去注意,也可以走得整齐划一。

我们学佛就是要训练到心不动念,顺境时心不动念,遇逆境时也不伤心;生气有时可以"气死人",过度高兴同样也会令人乐极生悲。传说唐朝的程咬金,当他所拥护的人获得成功时,他因过度高兴,大笑不止而死,可见并非只有生气才是烦恼,其实高兴也是烦恼。

《慈悲三昧水忏》的由来

造《慈悲三昧水忏》的悟达国师,是一位有德的高僧,极受唐懿宗所礼遇,每次升座说法,懿宗都亲自向他作礼,并且赐檀香宝座;物欲的诱引真是可怕,当悟达国师即将升座说法时,心中顿时生起欢喜、傲慢的念头,念头一起,业障之门也随之打开。

正当他在升座时,膝盖不慎撞到了檀香椅。一开始只是瘀伤,渐渐地化脓成为一个人面疮,形状宛如人的五官;他遍寻天下名医都无法治愈,真是苦不堪言。

后来,忆起昔日曾经照顾过迦诺迦尊者,尊者在离去前曾对他说过:日后若有难可以相寻。于是,悟达国师立刻启程前往;迦诺迦尊者见悟达国师前来,立刻请一位沙弥引领他到岩下山泉洗涤伤口。当他正要掬水洗疮时,忽然听到一个声音说:"且慢清洗,我有话要告诉你,不知你是否听过'袁盎斩晁错'的故事?"

悟达国师回答:"听过。"那声音又说:"你就是袁盎,我是晁错,过去十世以前,我被你斩于东市。因你十世皆为高僧,修持严谨,所以我报仇未果;现在你受宠于懿宗,欢喜妄念一起,业门开了,我就乘隙而入。今日你得迦诺迦尊者以三昧水洗涤,冤家宜解不宜结,我愿意和你解开此一冤结。"

悟达国师一听,心中十分惶恐,立刻掬水洗涤伤口。当他的伤口一碰到水,真是痛彻心肺,刹那间就昏厥了;等他醒来时,人面疮已完全消失。

于是他深深觉悟到:修行要老老实实、脚踏实地,不要为名利而修行。因欲境容易诱惑人心,使人堕落,从此他不再回到皇宫接受皇帝的供养,就在山下搭一茅棚,虔心地著作《水忏》提醒后人。现在我们所诵的《水忏》,即是悟达国师所作。

由此可见,生气是烦恼,欢喜的妄念生起也是烦恼。学佛的人,要习得喜怒哀乐皆不放在心上的功夫,能够达到这个程度,才能体会涅槃的境界。菩萨为了度众生,所以,常以清净解脱的方法来教化众生,使人解除苦恼。

一般人身心皆被世间的苦乐所缠缚,比如:身体被家务的绳索捆绑,心则被情所缚;有许多人想要念佛,但又割舍不下自己的家业。有一位老菩萨,几天前就一再吩咐别人要去接她到精舍参加佛七,她想在清晨三点多出门,晚上九点多再回家。第一天她大约八点多抵达,当天下午四点多就告诉我要回家。我问她:"你不是要到晚上才走吗?"她说:"不行!只要我一出门,孙子就会哭着要找奶奶。"

有一次,我的俗家弟弟带着孩子来花莲看我,平时在家孩子和奶奶的感情最深厚。出发当天,奶奶送孙子到车站时一把鼻涕、一把眼泪的;回家之后,思孙心切更是天天哭。然而孙子一来到这里,天天玩得好开心!问他们想不想奶奶?他们都说不想。要他们打电话和奶奶讲讲话,他们竟然都说不必了。

由此应该明了:既来之,则安之;拜佛念佛如果心不在焉,是没有用的,一定要用心听法,为的是要解除心缚。

"除世热恼,致法清凉",菩萨说法是希望众生能去除烦恼。世间的种种事物都容易使人起烦恼,听到佛法的音声,能使人烦恼去除,就好像接受法雨滋润般的清凉。

> 次降甚深十二因缘,用洒无明老病死等。猛热炽盛,苦聚日光;尔乃洪注无上大乘,润渍众生诸有善根。

菩萨说法,首先要解开众生的烦恼,若众生仍旧无法离欲寂静、去除烦恼,就接着分析十二因缘法,告诉大家人生不必执著,执著至终还是空。人生的生死流转过程,是由十二种因缘和合转化而成,这十二种因缘若是灭了,人在哪里?我们的亲戚眷属又在哪里?

十二因缘:即"无明"缘"行",行缘"识",识缘"名色",名色缘"六入",六入缘"触",触缘"受",受缘"爱",爱缘"取",取缘"有",有缘"生",生缘"老、病、死"种种的苦。

从"无明"业力而至"行"的运作,入胎出世……胎儿一离开母体,接触到空气会放声大哭,那是因为细嫩的皮肤接触到空气非常的疼痛。接着被放进热水中洗澡,洗好后又以毛巾搓揉。小婴儿却毫无反抗的力量,由于受业力的牵引,从出生那一刻开始,接触、感受,乃至人生过程中的欲爱、想取、占有,从此就会尝尽苦难的滋味。

"生苦"只是一个开始,外面的境界,不论是苦或乐,都会诱引人去追求五欲而造业。由此可见,人生苦多于乐,每一天的举止动作,也大都是在造作苦因。

我们从出生开始,经历幼年、少年、中年乃至老年,身体就在不知不觉中,随着岁月而产生变化。年轻时满怀雄心壮志,想在社会上有所作为,然而有的人事业未成但年岁已老大,感叹自己头发已白,却一事无成,这种并非真正的觉悟,而是求不得,心灰意冷的感觉。

少壮时期体能健壮,创业的精神也较旺盛,不过,身体健康的青年,若是意志不坚定,很容易堕落;要他努力向上,却没有耐心及毅力,而好强斗狠的个性,往往会铸下不可挽回的错误。

如报纸刊载的消息,有一位青年,身体健壮却不务正业,游手好闲又好赌,每天流连在不正当的场所,欠下不少的债务。他在家乡实在住不下去了,想要逃到大都市却苦无路费,于是心中顿生歹念。

他的邻居有一位八岁的独生女,就在这个女孩上学途中,他以一块蓝布蒙面,将女孩绑架到附近的山中,加以强暴之后,捆绑丢在山路旁。然后寄出一封事先写好的勒索信,限女孩的父亲在六个小时之内要带三万元到他所指定的地点赎人,否则要撕票。

女孩的父亲接到恐吓信,立刻到歹徒指定的地点。当他和歹徒一交谈,虽然对方蒙了面,但是他随即辨识出是邻家男子的声音,他伸手要扯开歹徒的蓝布,却被他脱逃了。

歹徒自以为聪明,脱逃之后回家去换了衣服,随后又赶到山上,将女孩松绑后带回去交给她的爸爸,自称是自己救了女孩。女孩的父亲早已报警并设下埋伏,逮捕之后问出口供,他才俯首认罪。像这种身体健壮的青年,不走正路,却做出恐吓强暴等不法的事情,这就是年少不懂事,才会犯下如此重大的错误。

人的年纪老大之后,身历其境就会慨叹老苦的滋味,不论是眼、耳、鼻、舌、身、意,六根都渐渐地衰败了,这就是老之苦。有了生就会老,老了各部分的机能就会衰退,身体机能一衰退,毛病就多了。

不过,病并非老人的专利,任何年龄的人都可能生病。蠢动含灵皆爱惜生命,因此"死"是众生所恐惧的。

佛经上形容,死的那一刻犹如"乌龟脱壳"。听说要让乌龟脱壳,是以滚烫的开水当头淋下,乌龟受不了,强行挣脱龟壳,那种痛楚实在难以忍受,死又如"活牛剥皮",多残酷的折磨!这种痛苦我们可想而知。

死亡时,除了身体上的苦之外,精神上更是苦不堪言。每个人在世间都有亲爱的眷属,更有付出血汗建立起来的事业。活着的时候,对眷属就有生离之苦,即将死亡时,所面对的是死别之苦,对事业更有着舍不得之苦。

我们的教主释迦牟尼佛,教我们许多解脱之道,其中之一即念佛法门,人在临终的时刻,眷属最好不要在身旁啼哭,应该帮亡者助念佛号。既然知道人生无常,就应该及早训练自己的眷属,当亲人往生的时刻,家属不要在周围啼哭,以免让死者的精神分散。

亡者过去所造的业,如果恶业重大,当外在的业缘显现时,又受到眷属哭啼的影响,心念一散乱,神识就会渺茫地随着业力而转入地狱、饿鬼或者畜生道,自己都无法做主。

世人常说,任何事都应该学,唯有死不能学。但是,我们身为佛教徒,别的事可以不必学,死则不能不学。"生死事大",念佛的人要念得心念清明,解脱与否就在这一刻。

人生是由十二因缘和合而生,死虽然是苦,生亦是苦。佛教所探讨的是宇宙人生的道理,我们若想了解自己生从何来,死往何去?一定要研究十二因缘法。

循序渐进的教育

"用洒无明老病死等",菩萨为了使众生解脱苦恼,所以运用种种方便法门,乃至开设十二因缘,以"因缘如幻"来洒灭我们的无明、老、病、死。

"**猛热炽盛,苦聚日光;尔乃洪注无上大乘,润渍众生诸有善根**",我们因为有了生、老、病、死,无明造业等种种苦患,就仿佛是炙热的阳光,于盛暑时使人煎逼难耐。此时大家莫不渴望能降下一阵及时雨,以纾解炽盛的暑气。菩萨在众生需要的时刻,便及时降下了法雨。

众生心中起烦恼时,菩萨即以种种柔和善顺的语言来安慰、劝诫、引导,使他能解除烦忧,内心感到清凉。菩萨引导众生,并非以小乘的方法,他是用自度度人的大乘方法。

"润渍",如一件干燥已久的东西,我们必须以水慢慢浸泡,才能渗透到里面;若只是泼在表面,往往无法被吸收。法不必多,想要救度众生,一下子运用太多太深的法,众生也无法吸收,重要的是要有耐心,不间断地分析引导。

干燥的泥土路面,风一吹就会尘土飞扬,入夜以后,露水开始在草木上凝结、降落,我们肉眼虽然看不见,但是第二天的清晨,却可以看见尘土已经湿润。教育众生也是一样,点点滴滴循序渐进,由浅入深,一天、两天乃至一年、三年毫不间断地学习、引导,佛法的种子自然就可以植入众生的心田,善根也会因此产生。

若希望农作物长得好,首先必须松土,然后灌溉适度的水分。种子埋入土中,如果将土壤压得又挤又硬,想要种子早日发芽,那是很难的;纵使发了芽,也一样长不好。现在我们接纳了佛法,就仿佛一畦田经过松土耕耘,又有菩萨的法雨润渍,菩提苗自然就能逐日成长。

众生皆有佛性,只因熏习了世间的染欲,才会生起无明恶念。菩萨要引导众生发现自己的善根,众生的心中已忘失佛法的概念,菩萨为了诱导众生,设下种种的方便法门,就像在众生心中播下了一粒粒菩提种子。

布善种子,遍功德田,普令一切,发菩提萌。

每一位众生心地皆有一亩功德田,只是我们没有好好耕作。福报由布施行善而来,想要成佛或者要修成菩萨的果位,一定要福慧双修;如果只修智慧,过去生却没有和人结缘修福,纵使法说得再好,众生还是不肯亲近、不接受你所说的教法。因此,我们今生一定要广结善缘,而最佳的方法则是多布施。

有的人身相庄严,不论是行住坐卧,让人见了皆起欢喜心,仿佛过去已经熟识一般;这就是过去曾经广行布施,和许多众生结好缘。参与慈济功德会是种功德田的最佳法门,每个人每个月点滴累积,金额虽然不多,所结的缘却很广大。

菩萨首先讲解"布施得福"的道理,使众生能够布施造福,然后再令其深一层体会教理。使众生明了,布施只是法门之一,当他一方面为众生服务,另一方面为自己的生死探求解脱方法时,菩提芽(觉性)就会渐渐地萌发出来。

> 智慧日月,方便时节,扶疏增长大乘事业。

菩萨引导众生需要智慧,否则无法启发众生的根性。

菩萨的智慧就如日月,月亮与太阳的光芒完全没有分别心,不论是高山或者溪壑,平原抑或沙漠,美丽的、肮脏的,日月都普遍地给予照耀,丝毫没有分别心。菩萨救度众生也是如此,只要众生需要,就观众生的根机而施教。

"方便时节",一个人在极为苦恼时无法接纳佛法,在极为快乐时也无法接纳佛法。

"方便"乃是教导众生的方便法,众生的根机参差不齐,所以菩萨施教的方法也不同,必须运用智慧,以不同的方法来教化救度众生。除了运用好的方法,还需要选择适当的时机,否则将无法达到预期的效果。"**扶疏增长大乘事业**",即培养人们发大心、做大事业的心。

> 令众疾成阿耨多罗三藐三菩提,常住快乐,微妙真实;无量大悲,救苦众生。

"疾"在此应解释为快速通达。菩萨引导众生,使大家很快地趋入觉道。"阿耨多罗三藐三菩提"是无上正等正觉,是佛的境界,如何才能通达此一正觉大道?

菩萨引导众生发大心,使人们能够走上正觉的道路,使众生能永远常住在快乐的大菩提道,"常住"是指心灵安住的境界。世事无常,一般人所拥有的只是物质的享受,而非心灵上的享受,心灵若没有依靠就会感到空虚;佛菩萨以佛法来教导大家,就是给众生心灵上的依止处,使人人常住在快乐的境界中。

有的人认为,一个有修有德的人,心中都不会起烦恼。在此我们要加以区别,菩萨虽然不为自己的得失而烦恼,他对世间的欲念已极为淡薄,任何环境对他而言已无挂碍;但是他仍有烦恼,即忧念众生,关心众生的安危。菩萨以无量大悲忧念关切众生,因此并非进入佛门就心无一物,重要的是要放下小我,拿出大我的精神。

荷担如来家业

一般在家居士常会对出家人表示:"修行拜佛,我也很喜欢,不过我现在家庭的重担还放不下,像你们能心无挂碍、专心修行真好。"这句话说起来似是而非,修行人心无挂碍,是因为不计较自己的得失;在家居士常说自己业重,深入地探讨,其实只是操心一个家庭而已。比如:当自己的亲人遭遇不幸,就会哭哭啼啼伤心欲绝,如果是换成别人,就好像无关痛痒了。

出家人则不然,他们要荷担如来家业,这个担子十分沉重,有人说:"前三,后三,两个三三一对担。"所指的就是阿耨多罗三藐三菩提,佛弟子要挑起如来家业,必须上求佛法、下化众生,出家众所担负的比在家居士还要重,必须具有菩萨心肠,将一切众生皆视为自己的儿女,没有分别心。

一般人尚有分别心,但是佛菩萨爱护一切众生,不舍离任何众生;出家人的任务也是如此,我们要学习佛菩萨的精神,为大众的安危而起悲心,运用无量大悲来救拔苦恼的众生。

> 是诸众生真善知识,是诸众生大良福田,是诸众生不请之师,是诸众生安隐乐处、救处、护处、大依止处。

菩萨是六道众生的善知识,"善知识"在此并非世俗所指的学识,而是良友之意。一个人在世上,交朋友是很重要的。孔子说:"三人行必有我师焉!"三个人在一起,不论其他两位是善是恶,都可以成为我们的老师,好的榜样能令我们心生感动,效法他的善举;不好的言行我们要作为警惕,不可以重蹈覆辙。

近朱者赤,近墨者黑,良师益友要多接近,损友则要加以劝导,若无法改变对方则要远离;朋友的好坏,对我们的影响至巨,因此在交往之前,一定要审慎地加以选择。

"真善知识",是确确实实的良师益友,可以引导我们走上正路,将我们不好的习气纠正过来。有的人交朋友,以为凡事逢迎附和的就是好朋友,事实则不然,人非圣贤难免有犯错之时,明知我们有错却不加以纠正,这样的人绝对不是益友。

"忠言逆耳,良药苦口",真正的良师益友,在我们犯错时肯加以规劝纠正,所说的话绝非奉承逢迎,所以听起来未必顺耳,就如良药入口虽苦,却有助于病情痊愈。菩萨在我们犯错时,肯挺身为我们纠正错误,因此菩萨是我们真正的善知识。

"是诸众生大良福田",修行的法门很多,但是,只偏重慧无法度众生,偏重福亦无能力引导众生,唯有福慧双修才有度化的因缘;而引导众生首先要让众生种植福田。

一个人的心地若未耕耘,就无法撒下种子,所以必须先依靠别人,大菩萨即以自己的福田让我们撒播种子。过去佛陀制定出家弟子过托钵的生活,目的是要让世人种下菩提的善根,首先和出家人结缘,日后才有得度、被引入正道的因缘;菩萨也是如此,所以是众生的大良福田。

"是诸众生不请之师",社会上的老师,需由学校聘请来做教育工作;纵使他有崇高的理想,想为下一代的教育而努力,仍然要以薪资作为报偿。

菩萨教育众生,完全是出于自愿的奉献,不求回报,他自动自发启迪众生的信念,为的是引导大家走上正轨。菩萨对众生的恩泽深厚,唯恐众生不知善法,又造下恶业,所以他们不惜付出精神与体力自动来引导众生,完全不求代价,所以是"不请之师"。

"是诸众生安隐乐处、救处、护处、大依止处",菩萨是以正确的方法来教导众生。在尚未接触佛法、不了解道理以前,于迷茫中懵懂度日造业不断;而当我们知道人生无常之后,心情会十分惶恐,因为人命无常,世间危脆,环境更是变迁不定。而菩萨是很有魄力、有智慧的大力士,他的教法能作为我们的依靠;众生有了精神的依靠,自然就能心安。

一个人若心不安,学任何法都无法持久,所以首先要令他心安,然后再进一步引度他。菩萨是众生的安稳依止处,对人生若产生疑惑、惶恐,只要有善知识来为我们解析,自然可以得到安泰与快乐。众生心安之后,随即使我们到达解脱的境地,这是"救处护处"之意。

菩萨启发众生的善根,要使众生脱离三界的苦患。菩萨施以教化,并且进一步保护我们;就如农夫,从一粒种子播下之后,他就在旁边守护,以免被虫吃掉、被阳光晒干或被雨水浸烂了,他必须花费一番心血去培养。菩萨是众生的大善知识,有始有终地在拥护众生,使我们在妥善的护卫之下,能够平安而不受业障所困扰。

众生就像幼稚园的孩子,到处横冲直撞。如果有慈悲的老师、保姆携手引领，就像母鸡保护小鸡一样，就不怕有老鹰的侵袭。菩萨的心能包容一切众生，使我们能够安稳快乐，并且作为众生的依止处，这是菩萨给予众生的恩德。

> 处处为众作大导师，能为生盲而作眼目，聋劓哑者作耳鼻舌，诸根毁缺能令具足，颠狂荒乱作大正念。

菩萨照顾众生无微不至，何时何地都可以引导众生。过去的科技不发达，出远门必须以动物作为交通工具，他们大多将货品放在马匹、骆驼或者大象背上，结集成一组商队出门做生意。

印度幅员辽阔，沙漠更是一望无际，若非对路径十分熟悉，很容易迷失方向，因此极需要有领路的向导，指引商队到达目的地。

我们所读的经典，是佛陀在印度所说的法，同时也在印度结集成经书，所以有许多比喻及风俗皆来自印度。这里所指的"导师"，是说众生在沙漠中容易迷失方向，需要一个熟悉路径的向导来指引；就如菩萨时时刻刻都是我们的大导师，指引我们不要走错了路。

自我净化并引导他人

"能为生盲而作眼目",众生在不了解真理之前,就好比瞎子一般;菩萨慢慢引导我们,就好像众生的眼睛一样。当年释迦牟尼佛于法会上讲《华严经》,有些人完全听不懂,由于根机不足,虽闻真理却无法领受。因此,有人感叹道:"有耳不闻圆顿教,有眼不识卢舍那。"

"聋劓哑者作耳鼻舌",过去印度有一种刑法——劓,即割去犯人的鼻子,引申为不闻香臭,无法明辨事理的人;"聋"是耳朵听不见,在此是指不肯听正法之人;"哑"是指口不能言的哑巴。菩萨慈悲循循善诱,尽其所能地教导说明,使人可以了解、接纳道理,并领会于心中。佛法的真理我们必须去学,学习后更要发挥能说能行的功能。

菩萨选择适当的法门教导众生之后,希望众生也能辗转相传。对于眼盲、耳聋、哑者也能以种种的方便,使对方能够了解道理。菩萨仿佛是众生的眼、耳、鼻、舌;众生并非缺少六根,而是不懂得善加利用,菩萨教导众生,使我们能够充分发挥六根的功能。

"颠狂荒乱作大正念",颠是见解颠倒,狂是心意不定。我们过去被无明覆蔽,受到世间的是非熏习,使正见逐渐丧失。并不是精神病院的患者才有颠狂的毛病,事实上,凡夫众生皆有颠狂的毛病,只不过症状的轻重差别不同而已。

众生的心念若不定,只要别人一句不顺心的话,很容易就会发脾气,甚至还会动手打人。有的女人一生气,拿起身边的任何东西就摔,等到自己心平气和时又后悔。

这是一般众生的毛病,发起脾气来,和精神患者简直没两样,差别只是发作时间较短,恢复的时间较快而已。

船师、大船师,运载群生,渡生死河,置涅槃岸。

菩萨如大船师,古时候,商人出海寻宝必须要有船师引导,否则便有迷航的危险;菩萨引导众生离苦得乐,犹如船师一样,运载众生渡生死河,登到涅槃彼岸。

众生心有"生、住、异、灭"。过去的修行人比较容易得道,但是现在的人修行却很难有所成就,因为过去的人生活纯朴,而且直心为道场,听法之后很容易相信,也能够专心受持。现在的人即使有心修行,却常受外境干扰,所以要有所成就比较难。

曾经有位法师表示,他过去在大陆持《大悲咒》,只要持一次就能心境平静;现在来到台湾,即使持一百遍也无法平静心思，其实这并非地理环境的因素，因为过去在自己的故乡，心理上较为安定，在寂静的境界中，不论是持咒或者念佛都很灵验；如今离乡背井来到台湾，为了适应环境，必须花费许多心思，所以修行的力量就渐渐退失。

我们也要训练定力，千万不要让坏的习惯养成，否则心一乱，想要恢复宁静就很困难了。一块白布如果染上了污点，即使洗到布将破了，污点仍然不易清除，我们的心也是一样。

一般的佛教徒，误以为涅槃即是死亡；其实，"涅槃"就是寂静的境界，佛陀弘法度众生，是希望众生的意念端正。不断地修习，使我们的心不受欲念所诱引，让心渐渐安住于寂静涅槃的境界。

心中无烦恼即轻安，身心轻安即快乐。世间的快乐都是短暂的，所以佛菩萨度化众生，教我们以智慧转化境界，才能安住于涅槃寂静、身心轻安中。

> **医王、大医王，分别病相，晓了药性，随病授药，令众乐服。**

佛菩萨如大医王，"王"比喻杰出优秀的领袖。医王乃指优秀的医师，他的医术高明，可以分别众生的病症，同时又精通药理、正确地施药。一般人生病,最怕碰到医术、医德不好的医生,如果诊断错误、下错药,生命就完全没有保障。有的人生病不肯找大夫,自作聪明乱服成药,也会弄巧成拙、延误病情。

众生因为自己的愚痴无明,无法了解人生的事理,不能判断是非,又不肯彻底地求知,自作聪明的结果必是苦不堪言。佛菩萨是医王,可以分析众生疾病的来源,绝非头痛医头、脚痛医脚的江湖郎中。

众生无量,烦恼也无量,烦恼即众生的心病,心病需要心药医,而佛法可以医治心病。佛菩萨能了解我们的烦恼,观机逗教,以种种殊胜的教法来调适我们的病症;法即是药,佛菩萨视众生的病而施展教法,使众生欢喜信受。

> 调御、大调御,无诸放逸行,犹如象马师,能调无不调;师子勇猛,威伏众兽,难可沮坏。

调御是指驯马师,印度婆罗门教的祖师入定时,见牛往生天道,从此视牛为神圣的动物,所以他们不以牛为交通工具,大多数是以象、马及骆驼来驮运货物。一般的野马野性十足,需要由驯马师来驯服;众生的心性,就如野马般地刚强难调。若非佛菩萨施展教法,耐心地接引,很难转为驯良。

法华会上,佛陀为弟子授记,然后他希望将《法华经》交付给在座的菩萨及诸弟子。在座的菩萨皆发心,并且安慰佛陀:"我们会广宣流布《法华经》,请佛放心。"

佛陀见菩萨们发心,他心中虽然欢喜,但是再看看身边的声闻弟子,为何听了法华的功德之后,仍然无法发心呢?五百罗汉及八千有学、无学的弟子即说:"佛呀!娑婆世界的众生,性情刚强难调伏,我们不愿意留在娑婆,要到他方国土去宣扬《法华经》。"

佛菩萨如调御师

众生刚强难化,就连佛陀身边的罗汉弟子都不愿意做众生的调御师,唯有佛和大菩萨可以驯服娑婆世界的众生。基督教称弘扬教理的人为牧师,他们视众生如羊群,羊群是十分温驯的动物,只要看好羊群,不要让羊群离队迷失方向即可;调御师则必须将凶恶的猛兽加以驯服,其任务危险艰巨,所以我们应该感恩佛菩萨。

"无诸放逸行",佛菩萨为了度化众生,吃尽各种苦头。释迦牟尼佛最初发心,于燃灯佛前发心修行,在七天之中，一只脚着地，另一只脚则盘在头上，再辛苦也不退转，作为他立志决心的证明。从他立志修行开始，经过了无数劫的修行终于成佛。

佛菩萨为了度化众生，在因地修行时，时时刻苦耐劳丝毫都不肯放逸，纵使已经成菩萨、成佛了，做度化众生的工作，仍然不敢掉以轻心。因此，学佛的人，也应该时时怀着"十目所视，十手所指"的戒慎态度，不论身边是否有人都要注意你的威仪，学了规矩之后就要付诸行动。

"**犹如象马师，能调无不调**"，象的体形庞大，力量也强大无比，如果不加以驯服，野性一发，任谁也无法制服；众生若无明产生，脾气一发也一样不可收拾，就像狂象野马般难以调伏，唯有佛菩萨才有能力加以制服。

"**师子勇猛，威伏众兽，难可沮坏**"，师子即狮子，是万兽之王，森林中很多动物都怕它。不论是对付凶猛的老虎或者力量薄弱的山兔、老鼠，它都聚精会神不敢掉以轻心；佛菩萨教化众生也是一样，丝毫没有分别心，更不敢轻视任何一个细节。

有人说："做事情何必考虑得那么长远？那根本不可能会发生。"事实上，失败往往是因为小细节的疏忽。星星之火可以燎原，一点点的火苗若不留意，很可能会烧毁整座森林。

世间的事情也是一样,即使看起来只是一件小事,却不能轻忽,要仔细考量它的可行度及后果。菩萨拥有狮子般的精神,凡事都全神贯注,运用智慧力量,并有刻苦耐劳的心志,所以可以降伏一切众生。

"难可沮坏",是指一切兽类皆无法接近与伤害它。佛菩萨因为有着周密的计划及勇猛精进、刻苦耐劳的精神,所以外道魔众无法破坏佛法。

有人说:现在的佛教已经衰颓。事实上,佛教的本质永远坚固,衰颓的是人的精神。佛陀所说的教法,无论是在任何时代,都很适合于人间,只因为世间人不懂得运用,所以无法发挥作用。

> 游戏菩萨诸波罗密;于如来地,坚固不动,安住愿力,广净佛国;不久得成阿耨多罗三藐三菩提。是诸菩萨摩诃萨,皆有如是不思议功德。

这里的"游戏"并非指世间的玩乐,而是以无得失、挂碍之心去行六度。菩萨于人间教化众生,丝毫不以为苦,虽然付出全部的精神,但只要看到众生快乐就感到安慰;佛菩萨不断地倒驾慈航,游化于娑婆世界,从来不因众生的刚强难以调伏,而产生丝毫的退却之心。

菩萨必须具足诸波罗密,"波罗密"即到彼岸,亦称彼岸度。

诸波罗密犹如一艘大船,将众生由极苦的世间,载至清净的彼岸;其中六波罗密就是布施、持戒、忍辱、精进、禅定、智慧等六种菩萨法,也称为六度。

布施:布施有财施、法施、无畏施。布施是对一般而言,对长辈或三宝则称供养,其中的"利供养"即是以物质钱财来布施。一般佛教徒会供养三宝,因为三宝是大福田;菩萨是众生的"大良福田",佛菩萨修行的功德皆回向予一切众生,只要众生有所布施供养就种了福田。因为佛菩萨的心地福田耕耘得十分纯良,好比十分肥沃的土壤,任何种子播下都可以得到丰收。

佛菩萨很慈悲,在众生尚未发觉自己也有一畦心地的良田之前,先以自己的福田来供众生播种,等到作物成熟收割之后,有了自己的收获,日后就可以有所依靠。

众生过去不明白自己也本具佛性,与佛菩萨结缘、受了教化之后,发觉自己原来也有佛性,便能发心、及时修福,这就是佛菩萨的教化,为众生开发福田。

我们现在离佛甚远,是末法时期,此时修持较难,因人心不纯,往往形象重于本质,而且一般人总是寺、庙不分,事实上神道教的殿宇称庙,佛教的殿堂则称为寺院。有些人认为:捐钱盖庙有功德,不过,这种善行和布施给修行人建寺的福田仍有差别。

若能布施建造寺院让修行人安心修行,不会受到风吹雨打,日后修行人有所成就时,即可度化众生,这的确是功德无量;如果建寺只是作为观光营利的场所,则非功德。

现代的生活步调紧张又忙碌,心灵苦恼的众生也很多,不过,我们要布施的机会也更多。

布施,要有正确的方法,要懂得选择,好比种子若撒在水泥地上,是一件很可惜的事情;唯有播在有水分、有养分的土壤,才能长出菩提芽。布施者应以清净心行布施,如果建造寺院,为的只是将姓名留于寺院的墙上、柱子上,功德可就微乎其微了。

除了财施之外,尚有"汤药"的布施。佛制时代出家人专心修行,资生之物则由在家居士拥护,除了食、衣、住、行之外,人难免会有病痛,所以还要有汤药之施。不过,在家人若以利供养出家人,同时又要求出家人以殷勤的态度来礼遇他,这种有代价的付出,也不是正确的心态。

在家人有护法的责任,出家人有住持佛法的责任,出家人认真修行办道,在家人尽其所能地拥护,各人坚守自己的岗位,利益大众,如此两者皆功德无量。

总之,以清净心行供养,所种的福为无法计量的福,福报才会大;若是一直想求回报,即使有福也极其微小。

六度是清凉法

真正懂得布施供养的人,一定是"无我相",布施时要起恭敬心。既然是三宝弟子,僧宝即是我们的师长,供养师长必须生起恭敬心,三供养完全具足,功德就很大。

利的布施多由在家人拥护,法的布施多由出家人担任。出家人舍离小我的家庭,入如来家,为了弘法需研究教法,专心投注于三藏十二部经,然后将研究的心得用来教化众生。

其实,若能财施、法施两者并行——以利布施之外,对佛法也能深入,并以法来教导众生,如此功德最大。若是两者无法并行,法施的功德也比财施来得殊胜,因为财的布施,福报只限于物质生活而已。世间多变,财与利只是满足世间物质的欲念,而法是引导人出世、得解脱智慧的布施,所以法布施较财施来得深重与殊胜,能够引导人进入佛的境地。

在我出家不久听一位女居士说,她家住水里坑,开了三家旅馆,生意十分兴隆。她是一位虔诚的佛教徒,由于没有生育,就认养一个女儿,长大之后为她招赘。女儿女婿都很孝顺,平时除了管钱之外,其余完全不用她操心,她每天到寺里去做小工,回到家腰酸背痛,女儿就会为她按摩。

第二天一早醒来,她又准备出门,女儿问她:"妈妈,您昨天累得全身酸痛,为什么今天还要去呢?"她说:"我做的是佛祖的工作,多做多得。在家里无所事事是在浪费时日,但是如果到寺院,多挑一块砖,往西方的路就近一步,所以我要到寺院去做佛祖的工作。"

她除了财施之外,还能做到无我相,并没有因为布施的钱多就产生我慢心。从寺院开始动工到落成,一个月她有二十多天是在寺院帮忙。这种虔诚的心,以自己的体力去付出,去除我相为三宝服务,诚属难能可贵。

大家如果到寺院去为三宝服务,应该抱着欢喜心去做,唯有如此才是确确实实的布施。到了寺院,一踏上寺院的土地就要念佛,千万不可一面工作,一面口说是非;为了厚植德本,我们要以体力、毫无代价地付出,以应大众的需要,这样才是真正的功德。

如本经所言,菩萨的布施视众生的需要而供给,众生需要财物,他就以财物来满愿;众生需要精神上的法水,他就以佛法来教化;众生需要人力帮忙,他就以体力来布施。总之,菩萨以种种方法来满众生的愿即为布施。

"持戒",戒乃防范之意。三界如火宅,众生之所以会来此受苦,就是因为有累世以来所造的业。世间犹如一座大监狱,只有两种人会来到娑婆:一种是发愿倒驾慈航来人间,另外一种则是随业而来人间。

倒驾慈航者犹如典狱长,以及监狱的工作人员,或教化众生的师长,他们可以来去自如;另外一种是犯人,一进去就失去自由,必须等到刑期满了才可以出狱。菩萨为了救度众生而来,众生则是因为不懂得守戒,所以才会造业连连,轮回于三界、六道之间。

"总持"是持善法、遮恶法。我们过去因为没有接触佛法,所以没有总持的法门,不懂得修一切善、断一切恶,甚至迷失而向恶的方面发展,如今才会轮回于六道。想要成为菩萨,首先要戒绝罪根,不可再造恶业,有了预防的功夫,就不会再犯错而堕落恶道。

五戒包含不杀生、不偷盗、不邪淫、不妄语、不饮酒。杀生的业非常重,古贤说:"欲知世间刀兵劫,但听屠门夜半声。"天下的战争不断,皆因众生的好杀而起。欲知何时才能没有战乱?必须等到哪一天屠宰场完全听不到牲畜被宰杀时的哀嚎声为止。

战争是因杀业而起，屠夫一人可以宰杀无数的牲畜与禽类，被杀的与他本无冤仇。就像战争时，两国的人民也是无冤无仇，但是两国相争时，我不杀你，你必杀我；一把刀、一支枪就可以杀死许多人，现在的核子武器杀伤力更是惊人。如此辗转不断地造下杀业，累生累世的冤业，是造成刀兵灾难永无止息的原因。

我们必须明白，畜生是由人造了业、遭受轮回业报所转生，所以我们不只不可以杀人，也不应该杀害一切众生。因为或许我们的眷属也因曾造业而轮回到畜生道，为了避免杀害到自己的眷属，人人应该戒杀。

有一段故事：过去有一位屠夫在临终之前，将杀猪的行业交给了儿子，儿子从此继承父亲的事业，由于他每一次都需要杀很多猪，所以必须到外地去购买猪只。有一天，他看好了一批猪，其中有一头猪，力大无穷、任谁也拖不动它。

大家正在议论纷纷时，人群中走出一位先生说："抓一头猪何必如此大费周章呢？我一个人来就够了。"他走近那头猪的身旁，叫出一个人的名字，告诉它："某某某，你的儿子今天既然来了，你就和他一起回去吧！"猪听了他的话之后，不停地流泪，随即乖乖地走了出来。

屠夫的儿子十分吃惊,因为那个人所叫的名字,正是他父亲姓名。他问:"为什么您叫我父亲的名字,这头猪就会乖乖地走出来呢?"那人回答:"众生是互相轮流被宰杀的,他过去生杀猪,今生轮到他被人杀;这头猪过去生的确是你的父亲。"大家眼看着那头猪不断地流着眼泪,回头想要请教那位先生,那个人却已不见踪影。

打听的结果,那人名叫文吉,文吉乃文殊菩萨应化人间的化名。文殊菩萨不断在人间唤醒杀业重的人——杀猪者,难逃轮回于猪的命运。由此可见杀业的可怕,我们不要因为众生不能言语、无法诉苦就加以宰杀食啖,若是如此就太不仁道了。

佛教谈慈悲,有的人说:"佛教徒只要修行就好,何必素食呢?"事实上,吃素就是为了培养慈悲心,不忍食一切众生肉。杀业不可为,因为食一切众生肉,就像是吃过去生的父母、眷属或者兄弟姊妹的肉一样,这是佛教徒持斋吃素的理由;众生轮回于六道,有时生而为人,有时则生于畜生道,为了避免和他们结怨仇,我们尽可能不要去杀生。

"不偷盗",身为佛教徒应该少欲知足。今生犯了偷盗的业,来生将会极为贫乏。《因果经》云:"今生富贵乃前生多布施者,今生贫穷乃前生悭贪者。"因此我们不可悭贪、偷窃,不义之财不可取。

"不邪淫",众生乃由淫欲而生,邪淫之心则不可有;要夫妇同心,家庭才会稳定美满。

"不妄语",包含不恶口、不两舌、不绮语,我们要说诚实语,将来学做菩萨说法时,若想得到四无碍辩才,一定要先守好口业,切莫搬弄是非。

"不饮酒",酒能乱性,它能麻痹人的心智,使人智慧不开。喝醉酒之后,很可能会造下一切恶业,因此佛教徒戒饮酒。

"忍辱"即忍耐。修行者必须能吃苦,像各位现在坐着听我讲话,讲的人不觉得辛苦,听的人却是两腿发麻度日如年。你们要是无法忍耐,是否能有所得呢?修行若无法忍受一切考验,就无法有所成就。

如果想做菩萨,不可以在乎人事是非,若事事都在是非中计较,怎么能专心学佛呢?菩萨行又怎会成就呢?所以我们一定要学会忍辱,无论别人的态度如何,都不会起心动念,这样才有资格做菩萨,才有能力度众生。度众生的志业是大丈夫事,并非普通人所能为,若不能立志下功夫,必定无法成功。

"精进",精即不杂,进乃不退。学佛的人不能有杂念,精神要专一。佛法并非普通的教法,《无量义经》即言:"佛之教法甚深,甚深,甚深!"所以要精进修学,以智慧断除烦恼惑业之苦。

"**游戏菩萨诸波罗密;于如来地,坚固不动**",大菩萨的修行已证得如来的境地,精神已坚固不动、不退转。大菩萨并非凡夫,他是超脱三界的圣人,倒驾慈航来人间,为的就是要度众生。

"**安住愿力,广净佛国;不久得成阿耨多罗三藐三菩提**",每一位众生皆有佛性,也各有其依正二报(环境和身形不同的果报)。菩萨为了引导众生发觉自己的佛性以及净化心地,所以他们到污秽的世间来度化,让众生先了解、净化自我,然后去实行正法,将来就可以拥有清净的国土,也可以与佛一样有同等的境界。

若舍自己的心,只向外求将了不可得;舍自己的境界,向外求另一境界亦然。佛的极乐世界就在我们的心中,净土秽土反掌即是,只要去掉凡夫的念头,心地即可转为净土的境界。

《净土回向文》:屈伸臂顷到莲池——由娑婆世界到极乐世界,只在手臂一屈一伸的刹那片刻;我们只要正念现前,佛土的境界即在眼前。人人佛性本具,只因为过去没有人告诉我们,现在既然知道了,就要反观自性,不要一味地向外攀缘;只要一心不乱,本来即是佛。

"阿耨多罗三藐三菩提",即是无上正等正觉之佛性。"是诸菩萨摩诃萨,皆有如是不思议功德",这八万菩萨不辞辛苦,不求任何代价,为的是要度化娑婆世界的众生,只要众生有所成就,菩萨就很欢喜。我们为了报答菩萨的恩泽,应该脚踏实地去实践佛菩萨的教化。

其比丘名曰:大智舍利弗、神通目犍连、慧命须菩提、摩诃迦旃延、弥多罗尼子富楼那、阿若憍陈如。

除了八万菩萨之外,尚有比丘名曰大智舍利弗……舍利弗是佛十大弟子当中"智慧第一"的尊者,他过去是外道婆罗门教的宗教师,他和目犍连尊者共同领导二百多位弟子。

两位尊者的因缘

舍利弗出生于王舍城,八岁时已智慧超人。王舍城由于长年之间国土平安,所以国王便举行宗教的辩论大会;印度的宗教有九十六种之多,各宗教的论师都齐集于辩论坛。

舍利弗当时年仅八岁,他不请自来,自己登上辩论坛。一上了论坛,他便想找人辩论,台上的论师及大臣,见他年幼皆不愿与其辩论,纷纷派遣身边的侍者去和他谈论。这些侍者一个个皆败在舍利弗的辩才下;论师们见状,即亲自应辩,没想到依然个个败北,没有一个人的智慧及口才,可以胜过舍利弗。

国王亲眼目睹,心中十分的赞叹,他说:"能够得此神童是吾国之福,这个孩子将来必是吾国贤人。"在印度,宗教家的地位高于大臣,舍利弗长大之后,甚得全国人民的钦敬。

舍利弗仍跟随有德之人修行,他的师父在临终之前,感慨地对他说:"世人无眼,为情爱所迷。"说完这句话后便断气了,舍利弗的智慧虽然超人,却无法领会师父这句话的含意。

有一天,金国的商队来到王舍城做生意。他们议论着:我们金国的国王及王后,情深似海,为了情连生命都可以牺牲;国王往生了,王后为了殉情,竟跳入火堆中陪葬,真是为"情"而亡。

刹那间,有一道灵光闪入舍利弗心中——国王死后皇后殉情,为的就是一个"情"字。这不正是师父所说,"世人无眼,为情爱所迷"最贴切的写照吗?但是"情"的范围,除了夫妇之情以外,是否还有更值得追求的情呢?他仍然是百思不得其解。

他找到了目犍连,两人讨论的结果,仍然无法解开这个"情"的谜题,于是,一致认为必须继续找寻明师。两人商议,谁先求得明师,必须立刻告诉对方。

释迦牟尼佛成道之后,游化于印度大小都城去教化众生。佛陀及弟子、僧团皆过着托钵的生活,其中有一位马胜比丘威仪十分庄严,举手投足皆令人起欢喜敬重之心。

有一天,马胜比丘出门托钵,他的威仪令舍利弗启发了道心。于是舍利弗走向马胜比丘,并且请教他:"请问您修的是什么法?您的师父是何人?对您说的又是什么教法呢?"

马胜比丘回答:"诸法因缘生,诸法因缘灭,吾佛大沙门,常做如是说。"世间的事情都是因缘所集,因缘如果散了,世间的事物则灭;我们的大沙门——释迦牟尼佛常常如此说。

舍利弗如获至宝,立刻请问佛的住所。舍利弗回去之后,随即告诉目犍连,他已寻获明师,两人一起率领二百五十多位弟子,皈投在佛陀的座下,这就是舍利弗皈依的由来。

舍利弗原本以为，全国无人能超越他的智慧，不过，当他听到"诸法因缘生，诸法因缘灭"这两句话之后，立刻体悟到佛法的甚深与奥妙，是最为究竟的道理。智慧第一的舍利弗都能感服于佛之教理，我们身为凡夫，又岂能不感佩呢？

佛法深奥，有时难免会有无法通达之处，但是智慧却可以启发，只要我们多听多看，即使无法立刻体悟，未来或来生因为今生的熏习，有了印象将可以很快地了解。即使现在听不懂，我们也要结未来开悟的法缘。

"神通目犍连"，佛陀的弟子当中，目犍连的神通第一，帮助佛陀度化众生，也是佛陀的十大弟子之一。

我们应该要了解，每个人在累世中因为无明而造下无数的业，业大如须弥山。佛教徒并不是已经在修行即可事事如意、不生病、没有灾难。修行最主要是在改变过去不好的烦恼习气，使自己了解业从何来而不再去造恶业。

佛陀告诉弟子们，各人所造的业要自己承受，并非信佛就能由佛来承担。像目犍连尊者，过去生造网捕鱼，伤害无数的生命，因此后来受到巨石碎身之报。不过，在他受报之前，已经证得阿罗汉果。

目犍连过去生杀业重，为什么又有如此好的因缘，得以遇到佛,修成阿罗汉果呢？因为他过去生曾遇到一位辟支佛。"辟支佛"译为缘觉或独觉,因观十二因缘而开悟证道,故名缘觉；又因观飞花落叶,靠自己之觉悟而成道、无师友教导,故又名独觉。这种根性的人智慧很高,由春、夏、秋、冬的境界,即可了解世事无常,了悟宇宙的道理,但是尚未真正达到佛的境界。

目犍连前生为渔夫,有一天遇到一位辟支佛,辟支佛告诉他杀生的业报,从此他放下鱼网、修行去了。所以他今生得遇佛陀,成为释迦牟尼佛的十大弟子之一。

目犍连知道自己何时该受报,所以在受报之前,他向佛陀辞行。舍利弗得知目犍连即将受报,也来到佛前,请教佛陀:"是否有解除罪业的方法？"佛陀对舍利弗说:"众生的业大如须弥山,自造业要自受报,你已经是解脱之人,为什么还执著于寻求业报的消除呢？"

舍利弗听了,心中十分惭愧,他静立一旁为目犍连祈祷,祝福他能解脱人生之凡体；得到证果的罗汉已视死如归,毫无惶恐与惊惧。死亡只是此一业报的身躯脱壳而已,所以,目犍连很平静地来到山下安详受报。

因为目犍连尊者"神通第一",他帮助佛陀教化众生,使许多原本信奉外道的人都转而信奉佛教；但是有些外道教徒时时处心积虑,准备除掉佛教的领导者,就连佛陀的弟子也是外道人士准备对付的目标。外道教徒见他坐在山下，正是暗杀他的最佳时机，于是就合力推下巨石，将目犍连尊者砸得血肉模糊。

目犍连尊者承受粉身碎骨之报后，即将多生该受的业，于一生之中报尽，往后不必再受轮回之苦；他已证得阿罗汉果，所以脱离这个躯体即不必再受苦。这是目犍连尊者的因缘，由此我们更要自我警惕——一定要戒杀护生。

每个人皆应长养慈悲心，因为每一种生灵都是六道中的众生，若是杀生，就好像是杀过去生的父母亲眷一样，这就是佛教徒不忍食一切众生肉而持斋的理由。

"慧命须菩提"，须菩提是"解空第一"的尊者，对空理有深入的研究，也是佛陀的十大弟子之一。

> 天眼阿那律、持律忧波离、侍者阿难、佛子罗云、忧波难陀、离波多、劫宾那、薄拘罗、阿周陀、莎伽陀、头陀大迦叶、忧楼频螺迦叶、那提迦叶、伽耶迦叶，如是等比丘万二千人，皆阿罗汉，尽诸结漏，无复缚著，真正解脱。

"天眼"即天人之眼，无分远近昼夜都可以看得见，为五眼——肉眼、天眼、慧眼、法眼、佛眼之一。天眼有两种：一种是由福报而得；一种是从苦修得来，如阿那律尊者所得的天眼。

阿那律是佛陀的堂弟，他虽然是贵族出身，生活还是和其他比丘一样平等。阿那律虽然有心修道，但是常常昏沉，只要坐下来听佛说法，立刻就会打瞌睡。

佛陀的喝斥

佛陀为了鞭策他，只好当众喝斥："你若真的那么想睡觉，会像那些蚌类，蚌类一合起来，睡个一千年，都无法听闻佛的名字。"阿那律顿时无限羞愧，别人听经个个法喜充满，唯独自己一听经就想睡觉，没有得到丝毫法益，真是惭愧万分。

阿那律从此立志不睡觉，非但白天不睡觉，到了晚上即使再累也不肯阖眼。人的各个器官除了要有充分的营养之外，还需要适度的休息。

阿那律从那时开始，七天七夜不曾阖眼。佛陀知道了，劝他要稍作休息，但是阿那律心意已坚，不到开悟决不休息。他的双眼终因过度疲劳，由红肿而转为失明。阿那律认为，自己过去由于愚痴暗钝，多年来佛陀所说的法,他完全没有领受;现在即使牺牲双眼,只要能够得到一法也颇有价值了。

阿那律双目失明后,佛陀慈悲地安慰阿那律,并且告诉他一个方法,让他能依此用功、修得天眼。

阿那律眼睛虽然已经失明,但他修得观察天眼通,也就是以心来看世界,不必以肉眼观察一切。他可以观察周围的一切动静,甚至可以分辨颜色;除了人间的事物之外,看天上的事物也像在眼前一般,这就是他立志用功所得。

一个视力正常的人,能看东西并不稀奇;双目失明的人,用心去看东西,才真正令人佩服。有一位先生,他的眼睛虽然失明,不过每当寺院举行法会,他都可以纯熟地敲打法器,走路时也不必持拐杖。

他不但熟读《法华经》,更能教导视力正常的人。一般人《法华经》学了多年还不一定能读诵。他由于眼睛失明,不被外面的境界所诱引,心境常保清净,所以反而学得比较快。

在顺安地区,有一户慈济的照顾户——夫妻都眼盲。有一次我去访查,妻子正穿针引线准备补衣服;只见她一手拿针,一手拿线,两三次就穿好了。我们穿针时,若没有借重眼镜似乎还行不通呢!

"持律忧波离"，忧波离尊者出家之前在皇宫内为太子理发，身份十分卑贱。当悉达多太子出家证道成佛之后，皇宫内许多贵族子弟也随佛陀出家；忧波离当时也想出家，只是不敢开口请求。

后来终于鼓起勇气，到佛陀面前请求出家修行，佛陀慈祥地告诉忧波离："皇宫内平日要你理发的人都出家了，现在你已不必再为他们理发，当然可以出家了。"忧波离心中又惊又喜，他想不到佛陀竟然会允许他出家。当下立定决心说："佛陀慈悲允许我进入僧团，从现在开始，我当严守戒律、精进修行。"

忧波离出家之前身份虽然低贱，但是进入僧团后，他持戒精严受人尊敬，可见佛教讲究平等的精神。

"侍者阿难"，阿难尊者是佛陀的堂弟，他出生于佛陀成道之日，因此又名"喜庆"。他二十岁随佛出家，佛陀有三十二相，阿难则有三十相，外貌颇为相似，外人经常会将阿难错认为佛陀。

阿难尊者形相庄严，同时又是佛陀的堂弟，所以当时舍利弗及大迦叶尊者推举阿难为佛的侍者。许多人都盼望成为佛陀的侍者，然而佛陀都没有答应，等到舍利弗及大迦叶推举阿难时，佛陀微笑默许了。

舍利弗告诉阿难时，阿难并没有立刻答应。他说：

"要我做佛陀的侍者可以,不过必须答应我三个条件:

一、出家前的那二十年佛所说的法,我完全没有听到,请佛陀答应我,重新再讲一遍;二、为了避免流言议论我是为了穿质料好的衣服而当侍者,所以,凡是别人供养佛陀的衣服或是佛陀穿过的衣服,我一律拒绝接受;三、佛陀接受供养时我不跟随——可避免别人议论我是贪图受供才做佛的侍者。"

舍利弗为阿难转达这三个条件,佛陀听了十分欢喜,并且赞叹阿难的智慧。佛的教法需要有人流传,阿难是"多闻第一",记忆超人,因此佛陀答应他这三个条件,重新为阿难演说二十年来的法。我们今天得以读到佛陀的经典,必须感恩阿难尊者,有了他的多闻,才有今日的经典流传。

"佛子罗云",罗云即悉达多太子出家前和耶输陀罗结婚所生之子罗睺罗。《戒定真香赞》文中有一句"耶输免难",叙述耶输陀罗母子的故事。罗睺罗译成中文名为"障碍",又名"重障";障碍自己又障碍母亲。

罗睺罗的过去生,年幼时个性十分淘气。有一天,他看见一只老鼠钻进地洞,便拿起一团大泥块将洞口堵住,让老鼠六天六夜不见天日。由于这个因缘,使得他感得入"胎狱"之报,过着暗无天日的日子达六年之久。

由此可见，我们的一举一动都必须极为谨慎。想想，小孩子一时好玩、无杀害之心的动作，都会感得如此严重的果报，若是恶意起了杀心，后果更是不堪设想。罗睺罗使老鼠不见天日六天，因而感得六年的胎狱果报，这就是"自障碍"。

火焰化红莲

"障母"则是指障碍母亲耶输陀罗。由于罗睺罗在母亲的胎胞达六年之久，亦即悉达多太子离开皇宫六年后罗睺罗才出生，因此全国人民皆以为耶输陀罗有不贞的行为。依照国法的规定，女人若操守不好，将受"投入火坑"的制裁；即在地下挖掘坑洞，燃起熊熊烈火，然后将罪人推入火坑中烧死。

耶输陀罗生下罗睺罗之后，仍旧难逃火坑之刑。她感到十分委屈，抱着罗睺罗在火坑前向天哭诉祷告说："罗睺罗的确是悉达多太子的亲骨肉，不知为何会怀胎六年。苍天可鉴，要是我跳入火坑，烈火立刻熄灭，就足以证明我的清白；若是我有任何不轨，就让我一入火坑即尸骨无存。"

传闻当耶输陀罗跳入火坑的一瞬间，火坑内的烈火顿时熄灭，现出一朵莲花，将她们母子托住。这就是戒定真香中的"耶输免难，火焰化红莲"的由来。

悉达多太子成佛之后，回到皇宫度化亲人，许多族人都随他出家，就连亲生儿子也不例外。佛陀于人间化导众生，处处都以身作则，所做的事情也很近于人性。

一般人对自己的儿女难免会有所偏爱，而子女对父母的管教也较易撒赖。佛陀示现于人间，就必须以常人的身份来化导众生，他为了避免别人的猜忌与怀疑，所以把罗睺罗交给舍利弗管教。

"周利槃陀伽"是极为愚钝的人，佛陀所说的法，他一句也记不住。于是佛陀为他开了一个方便法门，教他拿着扫帚扫地。他每天手拿扫帚，嘴巴就念着扫帚，心中也想着扫帚，扫着扫着，心中的杂念一一扫除，就由观扫帚而开悟了。

所以，大家不要怕自己愚钝，只要时时不忘清扫内心的杂念，努力精进，必定可以开启自己的智慧。

"头陀大迦叶"，头陀行即修苦行，大迦叶尊者已看淡一切世间的物质欲望，天天布衣粗食而甘之如饴，全心全意以道为重；头陀大迦叶即勤修苦行的大迦叶。

"忧楼频螺迦叶，那提迦叶，伽耶迦叶"，这三位兄弟，原是婆罗门教首领，领导了近千位弟子，后来全部皈依在佛陀的座下。

"如是等比丘万二千人,皆阿罗汉,尽诸结漏,无复缚著,真正解脱",前面所介绍的比丘,共有一万二千人全部都是阿罗汉。"阿罗汉"即证得小乘极果,不必再来轮回的圣者,但是他们着重自度,只求自己得解脱,没有普遍利益众生。

法华会上佛陀告诉舍利弗等比丘,有谁愿意到娑婆世界弘扬《法华经》,五百罗汉等见三界如火宅,娑婆世界的众生刚强难调伏,所以他们禀告佛陀,愿意到他方国土弘扬《法华经》,不希望留在娑婆世界。

阿罗汉虽然着重自利,但已证得小乘极果,自净其意断除见思烦恼结漏。"漏"即烦恼,一个器物若完整无缺,所盛的水就不会漏掉;若是有了裂痕、漏洞,水就会由破损处漏光。

佛陀所说的教法,我们若无法受持,就像心中没有法药。一般人之所以无法纳受佛法,是因为心中执著于家庭及世俗的欲念,人我是非不断,使得无明烦恼聚集,所以正确的佛法无法领纳于心。

阿罗汉已尽诸结漏,平日心中能纳受佛法,将见思垢秽完全去除,心不受染污,真正得到解脱,不必再到人间轮回。

尔时大庄严菩萨摩诃萨,遍观众坐各定意已,与众中八万菩萨摩诃萨俱,从坐而起,来诣佛所,头面礼足,绕百千匝,烧散天华、天香、天衣、天璎珞、天无价宝,从上空中,旋转来下,四面云集,而献于佛;天厨、天钵器、天百味,充满盈溢,见色闻香,自然饱足;天幢、天幡、天憶盖、天妙乐具,处处安置,作天伎乐,娱乐于佛。即前胡跪合掌,一心俱共同声,说偈赞言。

"尔时"是指菩萨及阿罗汉等,全部来到耆阇崛山的时刻。其中有一位大庄严菩萨摩诃萨。"大菩萨"并非新发意菩萨,是已证得等觉之菩萨,是发大心、行大愿、救度众生志向不退的大菩萨。

"遍观众坐各定意已",讲经者在讲经之前,必须要先定意,因为宣讲佛法并非世俗的讲古。法师讲经如佛亲口说法一样,意念要清且定,一句都不可以有差错。

讲经的人在说法之前,除了要具足定力之外,还要全神贯注,将佛法的智慧阐释出来。同时要能观机逗教,先了解来听经的人根机如何?若是根机相契,说法的人就可以继续下去;如果听经的人,显出不耐烦或有打瞌睡的情形,说法的人就要改变方式或转变话题。

听经的人也要定意,对说法的人要心存感恩。听经的人如果不能定下心来,也会影响讲经的人,所以,不论听得懂或听不懂都应该保持安静,这是听经的规矩。

法师所说的法,都是费一番心血研究,将智慧流露出来,尽其所能的要让我们了解。如果听不懂,表示我们没有专心纳受他的言说,只要全心全意地听,必定能够逐渐领会纳受。

礼敬供养佛陀

大庄严菩萨见在座所有的人都安静下来,于是他来到佛前五体投地礼拜释迦牟尼佛,绕百千匝。"绕佛"乃前后围绕,表恭敬之意。

佛陀初成道时,弟子想要向佛作礼,但不知该以何种方式。后来见天人供佛,先礼佛而后绕佛,从此弟子们便依此礼节,礼佛后便前后围绕,表示身心皈依、以佛为中心之最敬礼。

"烧散天华、天香",佛陀于《法华经》中再三的嘱咐,只要能奉持《法华经》,依教奉行辗转相教,佛陀就很欢喜了。但是弟子们都非常敬重佛,烧香散华是由内心的敬重所表露出来的行为。

"天衣、天璎珞、天无价宝,从上空中,旋转来下,四面云集,而献于佛",除了菩萨及阿罗汉供佛之外,天人亦从空而来,由四面云集,将天衣、天璎珞及天无价宝献于佛前。

"天厨、天钵器、天百味,充满盈溢,见色闻香,自然饱足",天厨比喻天人食用之最上等食物。"天钵器"是最高级的餐具,以最高级的餐具,盛放各种天人食用的美味食物,令人见到颜色及闻到香味,不待食用即得饱足。

"天幢、天幡、天憾盖、天妙乐具,处处安置,作天伎乐,娱乐于佛",天幢天幡是庄严佛前的旗帜布幔,憾是车幔,此外还有天妙乐器,处处安置演奏天人曼妙的音乐。

弟子们在接受人天导师——释迦牟尼佛的教化之后,仿佛是久旱逢甘霖,受到法雨甘露的滋润,为了表示对佛的感恩与崇敬,所以仍然不忘供养。佛陀已至少欲知足的境界,但是为了顺应众生而接受了菩萨及罗汉的供养。

"即前胡跪合掌,一心俱共同声,说偈赞言",供养之后,大庄严菩萨即到佛前胡跪合掌。"胡跪合掌"是印度礼佛的方式,一膝着地,另一膝支身,双手合十,以恭敬的形态礼佛。

道场之中有大比丘众万二千人,菩萨摩诃萨八万人,其他尚有国臣、国女、大长者等,但是在请佛说法那一刻,众人一心专致一念,异口同声说偈赞佛。

大哉大悟大圣主　无垢无染无所著　天人象马调御师

道风德香熏一切　智恬情泊虑凝静　意灭识亡心亦寂

永断梦妄思想念　无复诸大阴界入

这是赞叹佛陀，对于世间及出世间法无一不晓，经过三大阿僧祇劫的修行，心如明镜清澄无染，不受外界所转。

有人问："究竟佛大？还是天公大？"佛为人天导师，天人即使位高如帝释（天公），仍旧是在三界之内。我们如果想要超越三界，应该以佛为师，接受佛法的教育，否则将永远轮回于三界六道，成为三界中的魔子魔孙。

佛陀就好比是人间的教授，被他教过的学生，在社会上即使拥有再高的官位，教授永远都是他的师长。

好比泰国是个佛教国家，平日就属泰王地位最尊贵，但是每年供僧大会上，身为三宝弟子的泰王，仍旧要供养僧王，泰王以五体投地之礼，感恩僧王以宗教力量来教化人民。

天人也是尊佛为师，帝释在佛陀说法时，同样来皈依，烧香散华供养佛陀，以佛陀为师。

佛陀非但彻悟人生的事相，更悟入宇宙万有、世出世间的真理。"大圣主"乃圣人，凡夫大都自私自利，而圣人则以利人利他为目的，内心已完全无垢染，能将狂象野马般的众生调伏，所以，即使天界、人间也都尊他为师。

"道风德香熏一切"，释迦牟尼佛德高望重，人格清高，德香可以普熏一切。我们只要时时沐浴在佛法中，品德将可以不断地提升。

"智恬情泊虑凝静"，佛陀的智慧并非世智辩聪，是出世的一切种智①。众生的智力则善恶不定，要是向善的方向去走，就会积极向善；如果向恶的路去走，很容易就会造就恶业。"智恬情泊虑凝静"在此是出世的道种智②，能成就解脱的事业。"恬"是指心灵十分宁静，无欲无求，不受外界所动摇。

"情泊"，世间的人在情感上往往较偏私，对待自己的儿女亲人，感情就特别浓厚，有了亲疏之分，很容易就会产生争执。佛陀以大众为念，放下了私情，将感情放在一切众生身上，这是怜愍之情而非偏爱之情。

"虑凝静"，佛陀为了救度一切众生，他全神贯注，不

---

① "一切种智"即佛智，佛智圆明，通达总相和别相的道理，可以度化众生。
② "道种智"即遍知世间、出世间一切道门差别之智慧。

曾有丝毫的散漫。"凝"即集中精神,考虑众生的一切。"静"是不论遇到任何波折都不为所动。

谣言不攻自破

佛世时,有一次外道教徒为了破坏佛陀及僧团的名誉,婆罗门教徒就买通一名女子,假扮怀孕来到僧团,声称自己遭佛弟子玷污后被遗弃。

谣言传到国王耳中,国王极为震怒,他请佛陀来是为了宣扬佛法,现在僧团竟然出现这种令人不齿的分子,应该好好加以整顿;释迦牟尼佛并未受此境界影响,他冷静地面对国王的质问。

后来婆罗门教徒唯恐事机败露,杀掉准备索取代价的女孩,这件事被人揭穿后,谣言也就不攻自破,证明佛陀的弟子是清白的。

佛陀遇到此种境界时,心不曾动摇,更不曾发怒,他相信自己的弟子,明白事情的始末,所以不受外境所转,佛陀处事的冷静智慧称为"虑凝静"。

"意灭识亡心亦寂",眼、耳、鼻、舌、身为前五识,意为第六识。我们的眼睛必须透过视觉神经——眼识的作用去分别,最后还要加上意识,才能产生作用。

我们如果光用眼睛看,却没有应用眼识、意识,就会产生"视而不见"的情况。当一个人专神贯注做某一件事情或与人谈话时,有人从身旁甚至眼前走过,他都会浑然不觉,这就是眼识与意识没有发生作用。

耳根对声尘,鼻根分辨香味,舌根辨别食物的味道,身根则接受外界的感触。五根对五尘,意则是五根的总源头,也就是第六识,外面的任何境界,诸根的感触、分别皆由意识去分别。

第七识为"末那识"或"阿陀那识",今天看到之后记住形相,明天、后天仍会产生计划,这种前后思想皆由末那识产生。末那识的作用是"想",人的意识就像一部相机,而照相机的底片就是"想",只要经过冲洗,随时都可以拿出来,不论三年、五年、十年都还存在,而所计划的大多是为了自己,因此是凡夫之识。

第八识为"阿赖耶识",又可称为善恶种子的"藏识"。我们所做一切业的种子完全藏在第八识里,若是修行证果,则是"由识转智"而发挥德能。

第八识的种子未能萌芽,是因为种子收在第八识的深处,也没有其他的因缘触动,所以无法发挥作用;现在我们既然懂得佛理,就需要启发阿赖耶识,使善种子得以萌芽,发挥真诚无私的力量。

第九识"阿摩罗识"是为清净识,又称为"大圆镜智"。像一面镜子,照彻世间一切万物而不被外境所染。没有我执与法执,清净无染已经修到佛的境界。

"意灭识亡心亦寂",意灭是指前六识已灭了,"识亡"是指第七识、第八识之藏识也已净化。那些善种子已经萌芽成长,亦即转识成智。"心亦寂",心已经达到寂静的境地,任何声音语言都不能扰动佛的心灵。凡夫往往因外境的转动而起分别心。佛陀虽也以眼、耳、鼻、舌、身诸根来看外境的景象,但是不会受外界的六尘所动摇。

"永断梦妄思想念",世间凡夫仿佛都置身梦中,自己做不得主。因为人人都被环境所左右,无法明确地掌握自己所要走的路,世间的是非不断,人人为名利在竞争,致使人间的悲剧不断在发生。而佛菩萨则已超越这些梦妄思想之念。

潜藏在内心的危机

据报纸刊载,某大学的一位李教授,他由国外取得博士学位回国后,担任该校教育系主任,他的妻子也是大学教授,是个典型的高等教育家庭。他们生育了四个女儿,每一位都是学校的资优生。

大女儿八年前出版一本书,颇受学生们的欢迎,当时她年仅十岁而已。第三位女儿今年十四岁,她见父母都是大学教授,大姊八年前出版的书也造成轰动,受此荣誉心的鞭策,因此她对功课非常的用功,但也觉得压力相当大。据她的家庭教师表示,学校的数学功课难度极高,并非一个十四岁的孩子所能应付;好胜心强的她,一点也不认输,每晚都开夜车读书。

李教授一向最疼爱三女儿,每天早上都为女儿提书包,亲自送她坐上公车。由于女儿长得可爱,功课又好,所以全家人都疼她,也因此造成她骄纵的脾气。

有一天放学回家,她为了读书,不准家里任何人看电视。李教授唯恐女儿用功过度,健康受到损害,进房间去劝女儿稍作休息;女儿不听劝,爸爸只好出来。

隔了不久,女儿在房间内大声朗读,声音愈念愈大。李教授为了避免吵到其他家人,也怕影响邻居的安宁,他再度进去劝女儿;女儿不但不听,还用力捶了父亲一下,李教授无奈地又走出房间。

李教授是很有涵养的人,不过最近情绪常感不稳,前些日子才到医院做过检查。他的女儿念完书也累了,于是趴在桌上睡着了。此时,李教授精神恍惚地拿着一条领带走进房间,突然将熟睡中的女儿勒毙;勒毙之后唯恐女儿未死，又将她抱到客厅，再以菜刀砍她的头。

砍死女儿之后，他到房里换好衣服，然后将勒死女儿的领带及菜刀，拿到警察局去自首。投案时供称，他是怕女儿吵到邻居，不过，为什么会勒死女儿，他自己也不知道；回想起来，只觉得像一场梦，自己完全不能作主。很可能是要女儿休息，女儿执意不肯，一时心烦而铸下了大错！

这就是世人的迷妄，李教授除了要吸收各方面的知识之外，还要应付世间多变的环境，所以迷妄一起，仿佛置身梦中一般，所做的事情也就不由自主了。

报上的另一则消息刊载着——在大武地区，有三位大陆来台的好友，他们共同赁屋居住，并且雇用一个女孩为他们洗衣服。其中一位邱先生对这位女孩有爱慕之心，平日即患有妄想症，总是幻想着另一位室友对洗衣服的女孩有不轨的行为。

有一天夜里，邱先生趁着室友熟睡之际，一刀刺入他的胸膛；多年的生死至交，只因对方一时的疑心妄念，就这样死于非命。世间事真是无奇不有，像这样无冤无仇又是患难与共的好友，只因妄念一起，竟也铸下了无可挽回的人间悲剧！

佛陀已证圣者的境界，没有人我是非，所以妄念不生。众生仿佛是睡梦中人,而佛陀则是守护者,他已断除妄念,是明觉的大觉者。

四大五蕴与十八界

"无复诸大阴界入",无复即不再。"诸大阴界"指四大五蕴,世间万物皆由地、水、火、风四大所组成,人的身体也是一样。身体的四大若调和,身体就很健康;四大如果不调和,身体就会生病。印度的学者则讲五大,除了地、水、火、风之外,又加了一个"空"大,也就是容纳这四大的真空。

"地大"指身体的坚质部分,如骨、肉等等。"风大"指呼吸,孔子不敢收隔夜帖,是说连孔子都不敢保证自己明天会发生什么事。佛陀问弟子,人命几何?弟子回答:"人命在一日间。"佛陀再问人命几何?又有弟子回答:"人命在饭食间。"佛陀说:"尚不及义。"另外一位弟子说:"人命就在呼吸间。"佛陀称许他:答得好! 答得好!

我们的生命就在一口气进、一口气出之间,要是一口气吸入就不再呼出,生命就结束了,所以不能没有风大。

"火大"即人身之体温,身体有暖气,生命才得以延续。"水大",人的身体不能没有水分,包括血液、津液、大小便皆为水大,循环代谢必须要正常,身体才会健康。

若是水分太多,代谢不良,肾脏功能就会产生毛病。"火大"不调,比如发高烧生命也会产生危机。"风大"不顺畅,也会有气喘产生;唯有四大调和,生命才得以健康地延续下去。

我们的身体既然是由四大假合所组成,四大只要一分散,生命就不存在了;所以我们不必太过珍惜这个躯壳,若是一再执著这个身体确实是自己所拥有的,就会去计较一切利弊得失,犹如蚕儿吐丝作茧自缚,凡夫颠倒就像那吐丝捆绑自己的蚕一样。

"阴"即五阴,是指色、受、想、行、识五蕴。"色"是一切眼睛看得到的物质。

"受",有颜色、形状的物体,让人看了心起分别就会产生感"受",受分为苦受、乐受、中受。见到喜爱的境界,心中产生欢喜即为乐受;遇到自己不喜欢的人事物,产生的感受即为苦受;没有苦与乐的感受即为中受。

乐受又可产生"喜受",苦受又能产生"忧受"。乐是由意所接纳,喜由第七末那识所接纳。面对外境,所纳受的不出此五种。

乐受是接触到顺境,心境立刻产生快乐而形诸于外。例如:一位多年不见的好友突然出现在眼前,久别重逢的喜悦，很自然会表现于外，这就是"乐受"。由意去接受的乐受存放在脑海里，事后回想起来，不禁发出会心的微笑，这就是比乐受更深一层，藏在末那识的"喜受"。

"想"是将心中的感受收藏计划着。"行"则是直接表现于行为上。例如：两人为某事争执，其中一人采取强烈手段打人，这是"行"；要是心中想着：君子报仇三年不晚，而心中时时计划着，这就是"想"。

"识"包含了受、想、行，由第七识去审思，好与坏的种子，都领纳在"识"中。

"界"即十八界，亦即是六根、六识、六尘等。指由眼、耳、鼻、舌、身、意六根，缘着色、声、香、味、触、法等六尘境，再加上眼识、耳识、鼻识、舌识、身识、意识等六识，合为十八界。有了六根接触六尘境界，心中就会产生分别，领受之后就会去造业。

佛陀已不被外境所染，他完全了解四大、五蕴、十八界，已达到第九识阿摩罗识，清净而不受一切缚著。

其身非有亦非无　非因非缘非自他　非方非圆非短长

非出非没非生灭　非造非起非为作　非坐非卧非行住

非动非转非闲静　　非进非退非安危　　非是非非非得失

　　非彼非此非去来　　非青非黄非赤白　　非红非紫种种色

"其身非有亦非无"，身是指色身，凡夫皆执有，有此身又有所纳受。色身是由地、水、火、风所组成，何者是我呢？四大只要一分散则无一者是我。何时来、何时走也无法预知，因此此身并非实有。

"有"与"无"相对，生死死生具循环性，所以不要执有，也不要执无，因为世间一切皆是相互对待与轮回的。我们只能藉假悟真，以假的身躯去体悟真理，假中有真，这是佛法的哲学，我们必须以宁静的心来体悟。

地球无时无刻不在运转，我们的身体也分分秒秒处于行蕴生灭之中。"行"是极微细的变化，我们无法察觉自己何时长大？更不知道何时变老？从出生那一刻开始，无时无刻不在成长变化，这种微细的演变，自己都无法察觉。

此外，时间与空间也在无形中变动。既然有所变动就不能称为真正的"有"，从出生、幼年、青年、老年，死亡之后即为"无"。身体是四大假合之物，当它存在时，我们不能说"无",但是,此"有"乃假有,因为说"有",我们会产生执著,说它"无"却又存在。佛陀的眼光深远,他彻底看透世间幻灭假相;所以学佛者不要执著,重要的是要藉假修真。

"非因非缘非自他",圣者的境界,深刻地了悟因与缘的变化。一般人大都受制于因缘和合而受报,有了因缘的和合,我们就会生起妄动的心情,进而造业受报。

佛陀是为了一大事因缘而来人间,并非如凡夫随无明、行、业识所牵引的十二因缘而流转。佛陀已经超越十二因缘,只为一大事因缘而来人间度化众生,佛陀是无缘大慈、同体大悲的实践者,他没有分别心,视救度众生为己任。

"非方非圆非短长,非出非没非生灭",长短、方圆乃世间相,佛陀已经超越这些境界。他来世间绝非受业牵引,而是众生的根机成熟,他就来化导世人;若世缘已尽即入灭,来去十分自如。一般人见有人出生就道喜,见有人死亡则悲伤,佛陀则来去自如,出灭皆很安泰。

"非造非起非为作",佛陀做任何事都是做过就好,从来不执著"我是能度众生的人"。一般人只要稍有作为就会自高骄傲,唯恐别人不知道。佛陀虽然开创了佛教的大业,使众生能依止教理去实行,但是他从未执著于自己所创立的宗教。

一般人若是写出一本书,立刻会注明某某人著。但是佛陀讲述那么多法要,他从未执著于法是我所讲的。他说"佛佛道同"——我所说的法即过去的佛所宣讲的法。他每次讲经,总是流露出谦卑的言语。孔夫子也说"述而不作",认为自己只是将过去圣人所说的再述说一次,并非自己有所创作。

我们应该要学习佛陀的精神,不要稍微做点事就唯恐别人不知道。曾经有人向我建议,功德会应该多做"好人好事"的发表。我说:"慈济的委员都在学习做菩萨,为了训练每一位都具有菩萨精神,所做过的事情都不可以执著。"

慈济委员个个都很虔诚,为了慈济,不论在金钱上、精神上都竭诚地在付出,每个月不论翻山越岭看过多少贫户,都不曾要求师父褒奖,实在很难能可贵。这就是学习佛菩萨的精神——开启第八阿赖耶识,渐渐在培养自己的菩提道芽,进而要训练第九清净识。不论做了任何事情都不要染著于心,要做无相的布施。

"非坐非卧非行住",佛陀行、住、坐、卧皆具威仪,不需开口即可度众生。佛弟子应好好学习四威仪,不论是行、住、坐、卧,皆不能离开化导众生的范围。

"非动非转非闲静",众生的心因为定不下来,所以只要外境一来,即手足无措。但是佛陀不论是外境的转变,人事是非的搅乱,他的心都能泰然自若,闲静而不被外境所转。

"非进非退非安危",佛心时时都处于涅槃的境界、不进不退,因为佛性本来就如如不动。"涅槃"代表寂静、没有忧思顾虑,因为佛心闲静,所以没有安危的分别。

我们对于未发生的事情不必杞人忧天,事后也不必忧虑得失。不过,心中虽不必有安危之念,却也不能粗心大意。不要仗恃自己还年轻而空过时日,以为今日不做还有明日。我们必须知道"是日已过,命亦随减",每过一天,我们的生命就减少一天,今日所学绝非明日还能再现,一切都在变易生灭之中。

为了道业我们要赶快精进,否则一失人身万劫难再。人命在呼吸间,即使是自己的身体,我们都无法掌握,只要一口气出去、不再进来,生命就结束了,因此不能蹉跎岁月,否则道业将无法成就。但也不需要为自己的得失而忧心疑虑,只要把握当下、努力精进即可。

佛性本无差别

"非是非非非得失",世间一切的对与错、得与失,佛陀已完全超越了。我们出生之时,只有四大假合之躯,纵使住在世间数十年,为了名利、子孙,辛辛苦苦的工作,当你一口气不来时,娇妻美妾、金银财宝一样也带不走。

即使与豪华的衣饰同葬,也不过是和尸骨一起腐烂。子孙们的孝心,以上等的棺木加以埋葬,经过七年、十年……再好的棺木亦成朽木,剩下的只是一堆白骨而已。由此可知,一生的辛劳,到头来什么也没有得到,既然没有"得",又何必计较"失"。以世间的物质而言,我们本来就"没有带来",当然也就"没有失去"。

其实,我们的佛性(慧命)本来就不增不减,只是被蒙蔽而已。凡夫只要能依照佛理去实行,本性即可显现。"心、佛、众生,三无差别",轮回于六道的一切生灵皆有心,既然有心就可成佛,只要我们肯去学、肯去做!

"非彼非此非去来",心净则国土净,娑婆世界亦即极乐,只要我们的心境平静安乐,世间即为净土,不必舍此而就彼,因为西方极乐世界也是我们的心境所成。佛的心境,处在五浊恶世和清净国土没有差别。

"非青非黄非赤白,非红非紫种种色",这是描述佛陀的心境,不受外面的世事景象所转。

    戒定慧解知见生 三明六通道品发 慈悲十力
无畏起

戒、定、慧、解、知见为"五分法身"，这五种修为对学佛者而言非常重要。"戒"乃学佛的基础，学佛者若不依教奉行，心容易散乱，同时也会造业，有了业就会受报、受束缚。学佛就是为了求解脱，不要再受束缚，所以要精进修行。

出家人有二百五十戒乃至五百戒，在家弟子最基本有五戒。诸恶莫作为"戒"，众善奉行为"精进"。"陀罗尼"即持一切善法，使一切善不散失；遮一切恶法，"遮"即预防恶的念头，使它没有机会现形。

众生的心念，时时都可能受外境所诱引，有时候会不由自主地造业。有些人虽然并非有心造恶，但是因为妄想症的牵引，凡夫心一起，很容易就会造出种种的恶业。我们既然发心为佛弟子，最基本的就要"守戒"，才能防非止恶。

守持戒律自然就能生"定"，控制自己的心欲不向外奔驰造业，自然就能淡泊知足；少欲知足的人，心事少，自然能轻安自在。

一般神经衰弱或有精神病的人，大多数是心思杂乱，忧烦重重很容易发狂颠乱。学佛的人，对于过去的事就要让它随时间而逝，心要时时保持清净，犹如一面镜子，不受外面的境界所纷扰动摇。心能定，智慧自然就会产生。

有人问:"年轻时记忆力很强,现在却愈来愈差,要如何才能改善呢?"我说:"很简单,只要你放下杂念,心中没有烦恼,记忆力自然就会改善。"他说:"没有办法,事情太多了,我实在放不下。"

既然有心要改善自己的记忆力,现在教他放下杂念,他却说没有办法,这要如何为他设法呢?有病开了药方,也需要患者肯服用,才能发挥效果。因此,要启发智慧必须用功闻法,了悟世事如幻则能放下杂念,如此智慧自然就会产生。学佛的人就是要启发智慧,智慧产生之后,佛性才能够显现。

"解"即解脱,若有智慧自然可以得到解脱;若能分辨事理,心不受烦恼束缚,心索就可以解开,此乃解缚。

"知见"即正知正见,而非一般凡夫之知见。凡夫的知见仅止于所见所闻的见解,所看到的只是表相而已。此地的"知见"是无微不至的了解,宇宙万物一切真理,完完全全彻底的了解,这是佛的知见而非凡夫的知见。

我们学佛需由戒做起,由定生慧,心的束缚即解,心缚一解则正见生,不受世间颠倒的幻相所遮蔽。

有人说"大乘无戒"。《无量义经》完全在教人做菩萨,行菩萨道即行大乘道,其实这即是大乘法的教戒,是发乎自然、着重心念清净的戒律。凡夫因为尚在学习,所以需要预防。"有学"在佛教而言,是因为所学尚不足,还需要依循规矩,努力去学习;"无学"则是学道圆满,无需再学而能"随心所欲不逾矩"。

大乘教适合过去已曾严守戒律的学人,他定慧皆具足,继而发出菩萨救世之宏大誓愿。他既然能发出慈悲的大愿,戒当然已含藏其中。菩萨慈悲,视一切众生的苦患为自己的苦患,这种慈悲的圣人,又怎么忍心杀害一切众生?由此得知,他一定谨守不杀生戒。

菩萨为了度众生而来,他拥护众生,为众生布施,有了布施心,自然就不会犯偷盗戒;菩萨视一切众生为亲缘血肉,因此绝对不犯邪淫;菩萨以慈言爱语度众生,以人格身份作为保证,绝不粗言恶口打妄语。

戒为行菩萨道之根本,四众弟子人人皆应奉行。我们若能奉行戒法,才有办法使定、慧、解脱、知见等五分法身具足,才有机会成佛成菩萨,所以大家一定要依循戒律而行事。

切忌重神通而轻智慧

"三明六通道品发",三明是明白过去、现在、未来。六通即天耳通、天眼通、他心通、宿命通、神足通、漏尽通。"通"即无碍,众生的烦恼深重,心被束缚,所以事事皆不通;只要我们肯下功夫,自然就可以拥有神通。但是,学佛者切忌重神通而轻智慧,佛教六通之中,最注重的是漏尽通。神通并非佛教专有,悉达多太子未成道以前,当时婆罗门教徒早有具足五神通的修道者。

修行者如果贪著禅境,则易着魔。曾听闻某佛教莲社,其中有一位非常精进的陈居士,不论是睡前或刚醒来总是喜欢坐禅。很可惜,他在用功时没有明师的指导,后来竟然连上班时间也要坐禅——着了禅病。

原本他的见解还蛮正确,后来坐禅的时日一久,个性慢慢的有所改变,与同事无法相处。只要一坐下来,就说有天人、菩萨来和他说话,而且很执著于这些现象,这是很危险的。

学佛的人所注重的不应该是神通而是智慧,我们的智慧若已达到漏尽通、烦恼完全去除,则前五通就是正确的;有的神道教徒也有神通,比如:有人扶乩时,说看见某某人,听见谁在说话。我们虽然看不见,但是有时又蛮准确的,这是小神通,也是草木神之通,我们千万不要去招惹这些。

以佛法而言,"神"乃指福德鬼,因为他尚未脱离六道,仍是六道中的生灵。由于他过去曾经修福,堪得受人尊敬,所以称之为"神"。神也有灵通,不过他只具有前五通,并没有漏尽通。

漏尽通唯圣者独具,"漏尽"即完全没有烦恼。有了三明六通,再加上三十七助道品的帮助,就能达到菩萨发挥力量的程度。

"**慈悲十力无畏起**",慈悲是佛菩萨的本愿。"十力"是佛的十种力量。

一、知觉处非处智力:知道一切事物的道理和非道理之智力,所以能遍知"因果"原理。

二、知三世业报智力:能彻知众生"过去、现在、未来"三世因果业报的智力。

三、知诸禅是解脱三昧智力:具彻知不同深浅层次之智力。

四、知诸根胜劣智力:能够彻知众生对佛法感受的程度,深浅利钝根性之智力。

五、知种种胜解智力:佛陀具有彻知众生对知识义理的认知之智力,所以能够观机逗教。

六、知种种界智力:能普知众生种种境界不同的智力。

七、知一切至所道智力:能知一切众生行道因果趋向的智力。

八、知天眼无碍智力：能以天眼见众生生死及善恶业缘而无障碍的智力。

九、知众生宿命无漏涅槃智力：能知众生生死宿命的情形，及何时证得涅槃之智力。

十、知永断习气智力：佛陀烦恼已断，诸漏已尽，能知众生一切缠缚、习气、妄惑等细行，如实能知众生烦恼尽除的智力。

众生之所以轮回于六道而无法成佛，无法到达极乐彼岸，完全是因为无始以来无明的烦恼习气。佛陀施种种教法，为的就是要断众生恶劣的习气，我们应该依佛的教法，一步一步地改正念头，断除习气。

孔子曰："朽木不可雕也。"一块腐朽的木头，即使小心翼翼地雕刻它，也无法有所成就。我们每个人都有佛性，只要将这块好的心地质材收好，避免受到风吹雨淋，再加以雕琢就可以雕出很好的作品。我们若体悟到人生无常、世间是苦，就应该精进修学，断除心垢，脱离六道轮回。因为在六道之间，纵使修十善生天道，福报也有用尽的一天，天福享尽之后不免落入牛胎马腹之中。

当知"人身难得今已得，佛法难闻今已闻"，想得人身及得闻佛法都很不容易，现在既得人身又得闻佛法，就应该将过去不良的习气改正过来。

正觉无畏心自在

"无畏"是指四无畏：正觉无畏、漏永尽无畏、说障道法无畏、说尽苦道无畏。

"正觉无畏"，凡夫所研究的法，并不是正等正觉之法，纵使了解也不彻底，所以在何种场合，应说什么样的法，总难免担忧是否恰当？但是佛陀具有正等正觉无畏，所以心常自在，无论面对何种场合，何种根器的人，他都无所惶恐。任何世智辩聪、伶牙俐齿的人向佛辩难，佛都无所畏惧。

"漏永尽无畏"，佛心完全没有烦恼，见解正确没有偏见。有的人为了讨好护法信徒，怕他们不再护持，因此信徒虽有不良习气，说法者也避重就轻不敢得罪，这是凡夫的见识与烦恼。佛陀则已达到"漏永尽无畏"，众生根机难调，佛陀以智慧应机逗教，心中完全没有烦恼。

"说障道法无畏"，障乃障碍、魔障。佛陀时代宗教复杂，说法已有障碍，现今的世态，障碍更是难免。现代人的生活品质提升、娱乐较多，求法的心反而较为淡薄。凡夫心常自我障碍，唯有佛陀福德智慧施教无所畏惧。

"说尽苦道无畏",修行人首先要解"身"的系缚。出家人脱离家庭,也就是脱离了六亲之束缚。人之所以不得解脱,就是因为有了亲缘,有了亲缘就有了偏见,有了偏见心就受制于缘缚,因此修行之前,要先舍去"身"之缚著。

出家即舍缚,此专指出家众。不过,由理相方面而言则不然,心出家而身未出家,并不逊于身出家而不精进的人,因为一个只是"身形"现出家相的人,只能称为俗僧。

在家人虽然有家庭、生活于社会,但是,他的心及行为举止若能依照佛的教诫去实行,则身虽在世俗,心却守持净戒,这就是心的出家,有如出污泥的莲花。

像花莲的许聪敏老居士,他的修行方法真是叫人感佩。他每天清晨三点就起床做早课,课诵一定是由《楞严咒》开始,课诵之后还要念佛。晚上的功课则和寺院的课诵完全一样,用功的方法十分精进。

他待人处事宽厚,无论谁有困难,只要去请求他,一定是有求必应,这种受持方法,即使是出家人也十分佩服。"在家菩萨智慧长",在家居士只要肯修行,心不受世俗欲乐所染著,也是真真实实的菩萨行者。

众生善业因缘生　示为丈六紫金晖　方整照曜

甚明彻

世间的一切,有因也要有助缘。例如:一根火柴棒必须保持干燥,摩擦时才能点燃。如果泡了水,潮湿的火柴就无法点火,这就是缘不好。有了因,但是缘不好,仍旧无法发生力量,因此要成就众生的事业,必须要有好的因缘。

"众生善业因缘生",释迦牟尼佛为一大事因缘来人间,众生的根机参差不齐,有的人根机利,有的人暗钝愚痴。佛陀说法四十九年,首先讲方便法门,将下根器者逐渐提升,让上、中、下三种根机者距离拉近,然后施以成佛的教法,于法华会上才宣讲真实的教理。

"示为丈六紫金晖",佛陀当年到娑婆世界,他示现和凡夫一样的身相,降生皇宫,修行之后现丈六金身。

每个国家的度量衡皆不尽相同,印度的丈六并非中国尺的丈六,印度的长度以四为标准,四的两倍就算美,丈六是八的两倍,更是十全十美,因此丈六代表完美的高度。"示"是显示修行的果报,亦即身相的庄严。古人说:"富润屋,德润身。"佛陀的德行感动众生的心,因此众生一看到佛的身形,即生起难以言喻的钦敬。

"方整照曜甚明彻",佛陀的德行令众生敬仰,无论多么恶劣的人,只要见到佛陀的光明照耀、教化引导,心自然会被降伏,污浊的心念也会转为清净。

　　　　毫相月旋项日光　　旋发绀青顶肉髻　　净眼明镜上下眴
　　　　眉睫绀舒方口颊　　唇舌赤好若丹果　　白齿四十犹珂雪

白毫为白色的毫毛,是佛陀三十二相之一。两眉之间有一处白毫,旋绕犹如发光般。"旋发"印度人的头发以自然卷为上相,佛陀的发色绀青且生有肉髻,眼睛则净如明镜。眉毛则长而下垂,口呈方型,唇舌犹如丹果般红润,四十颗如雪似的贝齿,洁白齐密。

　　　　额广鼻修面门开　　胸表卍字师子臆　　手足柔软具千辐
　　　　腋掌合缦内外握　　臂修肘长指直纤　　皮肤细软毛右旋

佛陀的面容开朗,额头宽广、鼻子修长。身如师子(狮子)般宽厚,手足柔软,而且佛的手长过膝,手指纤长,皮肤细滑毛发自然向右旋。

　　踝膝不现阴马藏　细筋销骨鹿脾肠　表里映彻净无垢
　　净水莫染不受尘　如是等相三十二　八十种好似可见

　　佛陀的踝膝不现,阴部则内藏如马阴,筋骨细小饱满无痕,内外皆清净无垢。佛陀的人格、行为举止,使人见了自然心生感服。三十二相代表圆满庄严,即使处在五浊恶世亦不受丝毫染著。佛陀殊胜容貌形相中,显而易见的有三十二相,随三十二相中尚有微细隐密难见的八十种好,令人天共钦仰。

　　而实无相非相色　一切有相眼对绝　无相之相有相身
　　众生身相相亦然　能令众生欢喜礼　虔心表敬诚殷勤

　　身体乃四大假合之物,既为四大和合,只要四大一分散即化为乌有。因此三十二相、八十随形好是佛的应化身,而法身则无相亦无色,一切相皆是由眼根去对境。本来虽然无相,但是为了度迷茫的众生,佛陀必须示现和众生一样的身相。佛的德行润泽身相,因此众生能发自内心恭敬地向佛作礼,虔诚地表露最至诚的敬意。

> 因是自高我慢除　成就如是妙色躯
> 我等八万之等众　俱共稽首咸归命

佛教徒见佛必须礼佛,事实上,礼佛是在消除自己的贡高我慢心。佛陀德行高超,众生只要深入佛法,自高与我慢自然可以逐渐消除。佛陀能成就如此庄严之躯,大庄严菩萨及八万菩萨等众,共同稽首顶礼,全心全意归依释迦牟尼佛。

> 善灭思想心意识　象马调御无著圣
> 稽首归依法色身　戒定慧解知见聚

众生之所以为凡夫,是因为我们的心意总是颠倒扰乱。八万菩萨的心皆已清净,没有梦妄思想念。佛陀虽然能够调御一切刚强众生,而且他的内心一点也不著相。

释迦牟尼佛有法身、应化的色身、报身。在此归依的是佛陀的法身，以及应化的色身；戒、定、慧、解脱、解脱知见，五分法身完全聚合。

稽首归依妙种相　　稽首归依难思议
梵音雷震响八种　　微妙清净甚深远

顶礼归依佛陀之三十二妙幢相，象征佛陀领导众生，降伏魔众之相；以及归依佛陀所证得的境界，这种盛德、法相难以用凡夫的认知去解说思量。梵音即清净的声音，释迦牟尼佛说法的声音，进入众生的心中，柔中带有威严，句句都能适应众生的心。佛陀的声音，微妙清净又深远，梵音清净却如雷震般地响亮，众生在迷茫中，若能听到释迦牟尼佛说法，立刻可以破迷启悟而清醒。

四谛六度十二缘　　随顺众生心业转
有闻莫不心意开　　无量生死众结断

佛陀以四谛、六度、十二因缘法教化众生，所说的法随顺众生的根机，无非是要转众生的心业，断众生的习气。听到佛陀的说法后，每位都智慧开展，从此开始修行，断生死而不再到六道轮回。

> 有闻或得须陀洹　斯陀阿那阿罗汉
> 无漏无为缘觉处　无生无灭菩萨地

有的人闻法后,得初果须陀洹,二果斯陀含,三果阿那含,四果阿罗汉。此是声闻乘人,因闻四谛法而得道。

"**无漏无为缘觉处**",是指缘觉乘者。缘觉修行者生于佛世,由观十二因缘法而悟道者,名为缘觉;生于无佛世,因理而悟道者,称为独觉。下一句"**无生无灭菩萨地**",是指大乘菩萨,闻佛说六度而悟道。

> 或得无量陀罗尼　无碍乐说大辩才
> 演说甚深微妙偈　游戏澡浴法清池

这几句是赞叹菩萨的功德,或得无量总持法门,或得无碍辩才,或能演说甚深妙法偈语,都是游戏无碍于甚深法海。

> 或跃飞腾现神足　出没水火身自由　如是法轮相如是
> 清净无边难思议　我等咸复共稽首　归依法轮转以时

诸大菩萨具足六神通,以神通力普现十方,于十方世界普度一切众生,自由出入于水火中而无损,如此大转法轮示相,法身清净无边,凡人难以想象这种境界。法轮常转,一方面辗碎众生的罪业种子,同时以法润泽、教导众生。我等八万菩萨众,共同稽首归伏。"归依法轮转以时",描述佛陀转法轮度众生犹如及时雨,来得恰到好处。

　　稽首归依梵音声　稽首归依缘谛度　世尊往昔无量劫
　　勤苦修习众德行　为我人天龙神王　普及一切诸众生

法由音声传递,我等稽首归依梵音声,稽首归依缘谛度(指十二因缘、四谛、六度)。世尊于过去无始劫来,勤苦地修诸波罗密,他的修行,为的是要救度六道众生,将所修所证的方法普及于一切众生。

　　能舍一切诸难舍　财宝妻子及国城
　　于法内外无所悋　头目髓脑悉施人

佛为了救度众生而舍弃了一切。佛的境界原是在极乐寂静的涅槃境界,但是,为了救度沉沦的众生而倒驾慈航,辛辛苦苦地化度于娑婆世界。佛陀累劫修行以来,无论是财宝、妻子及国城,只要众生需要,他都能施舍,即使是"舍身"布施自己的头目髓脑都无所吝惜。

　　奉持诸佛清净戒　乃至失命不毁伤
　　若人刀杖来加害　恶口骂辱终不瞋

　　奉持古佛教诫,以戒为重,即使丧失生命都不愿意毁戒;若是有人以刀杖来加害,或者恶口辱骂,始终不生瞋恨心。

　　历劫挫身不倦惰　昼夜摄心常在禅
　　遍学一切众道法　智慧深入众生根

　　历劫以来,修行始终不曾有所懈怠。不论白天或夜晚,戒律常常摄持于身心,从来不曾散乱放逸;于修习佛法时,受持无量法门,开发智慧,深入众生之八万四千心门。

　　是故今得自在力　于法自在为法王

我等咸共俱稽首　皈依能勤诸难勤

佛陀在因地勤苦修学而得智慧广大无边,因此现在得到自在力,于娑婆世界成佛;我等及八万菩萨摩诃萨,共同稽首,殷勤归依释迦牟尼佛。

佛陀的人格何等高超,我们今天有幸成为佛门弟子,是因过去生中有所修持。《法华经》中曾述及佛陀身为十六王子时,他所化度的恒河沙数众生,即是来娑婆世界成佛时所要教导的弟子。

或许过去我们已经和佛陀结过缘,所以现在才能遇到佛法。我们的教主是世界上的大圣人,所以要好好奉持佛法,才不辜负他的苦心教导。

说法品第二

尔时大庄严菩萨摩诃萨,与八万菩萨摩诃萨,说是偈赞佛已,俱白佛言:

"世尊!我等八万菩萨之众,今者欲于如来法中,有所咨问;不审世尊,垂愍听不?"

佛告大庄严菩萨及八万菩萨言:"善哉善哉,善男子!善知是时,咨汝所问。如来不久当般涅槃。涅槃之后,普令一切,无复余疑。欲何所问?便可说也。"

于是大庄严菩萨与八万菩萨,即共同声白佛言:"世尊!菩萨摩诃萨欲得疾成阿耨多罗三藐三菩提,应当修行何等法门?何等法门,能令菩萨摩诃萨疾成阿耨多罗三藐三菩提?"

佛告大庄严菩萨及八万菩萨言:

"善男子!有一法门,能令菩萨疾得阿耨多罗三藐三菩提。若有菩萨学是法门者,则能疾得阿耨多罗三藐三菩提。"

"世尊!是法门者,号字何等?其义云何?菩萨云何修行?"

佛言:"善男子!是一法门,名为'无量义'。菩萨欲得修学'无量义'者;应当观察一切诸法,自本来今,性相空寂;无大无小,无生无灭;非住非动,不进不退;犹如虚空,无有二法。而诸众生,虚妄横计:是此是彼,是得是失;起不善念,造众恶业;轮回六趣,受诸苦毒;无量亿劫,不能自出。

"菩萨摩诃萨如是谛观,生怜愍心,发大慈悲,将欲救拔,又复深入一切诸法:法相如是,生如是法;法相如是,住如是法;法相如是,异如是法;法相如是,灭如是法。法相如是,能生恶法;法相如是,能生善法;住、异、灭者,亦复如是。

"菩萨如是观察四相始末,悉遍知已,次复谛观一切诸法,念念不住,新新生灭。复观即时'生、住、异、灭',如是观已,而入众生诸根性欲;性欲无量故,说法无量。说法无量故义亦无量。'无量义'者,从一法生;其一法者,即'无相'也。如是无相,无相不相;不相无相,名为实相。

"菩萨摩诃萨安住如是真实相已,所发'慈悲',明谛不虚;于众生所,真能拔苦;苦既拔已,复为说法,令诸众生,受于快乐。

"善男子!菩萨若能如是修一法门'无量义'者,必得疾成阿耨多罗三藐三菩提。

"善男子!如是甚深无上大乘'无量义经',文理真正,尊无过上,三世诸佛,所共守护,无有众魔群道得入,不为一切邪见生死之所坏败。

"是故善男子!菩萨摩诃萨若欲疾成无上菩提,应当修学如是甚深无上大乘'无量义经'。"

尔时大庄严菩萨复白佛言:

"世尊!世尊说法不可思议,众生根性亦不可思议,法门解脱亦不可思议,我等于佛所说诸法,无复疑惑;而诸众生,生迷惑心,故重咨问。

"世尊!自从如来得道已来,四十余年,常为众生演说'诸法四相'之义;苦义、空义、无常、无我;无大、无小、无生、无灭——一相无相。法性法相,本来空寂;不来不去,不出不没;若有闻者,或得'煖法、顶法、世第一法',须陀洹果,斯陀含果,阿那含果,阿罗汉果,辟支佛道;发菩提心,登第一地、第二、第三,至第十地。注曰所说诸法之义,与今所说有何等异,而言甚深无上大乘'无量义经'?菩萨修行必得疾成无上菩提,是事云何?唯愿世尊慈哀一切,广为众生而分别之,普令现在及未来世有闻法者,无余疑网。"

于是佛告大庄严菩萨:

"善哉善哉!大善男子!能问如来如是甚深无上大乘微妙之义,当知汝能多所利益、安乐人天、拔苦众生;真大慈悲,信实不虚;以是因缘,必得疾成无上菩提,亦令一切今世、来世诸有众生,得成无上菩提。

"善男子!自我道场菩提树下,端坐六年,得成阿耨多罗三藐三菩提,以佛眼观一切诸法,不可宣说。所以者何?以诸众生性欲不同;性欲不同,种种说法;种种说法,以方便力,四十余年,未显真实。是故众生得道差别,不得疾成无上菩提。

"善男子!法譬如水,能洗垢秽;若井若池,若江若河、溪渠大海，皆悉能洗诸有垢秽；其法水者，亦复如是，能洗众生诸烦恼垢。

"善男子！水性是一，江河井池、溪渠大海，各各别异；其法性者，亦复如是；洗除尘劳，等无差别。三法、四果、二道不一。

"善男子！水虽俱洗，而井非池；池非江河；溪渠非海；如来世雄，于法自在；所说诸法，亦复如是。初中后说，皆能洗除众生烦恼；而初非中；而中非后；初中后说，文辞虽一，而义各异。

"善男子！我起树王诣波罗奈鹿野园中，为阿若拘邻等五人，转四谛法轮时，亦说'诸法本来空寂，代谢不住，念念生灭'；中间于此，及以处处，为诸比丘并众菩萨，辩演宣说十二因缘、六波罗密，亦说'诸法本来空寂，代谢不住，念念生灭'；今复于此演说大乘'无量义经'，亦说'诸法本来空寂，代谢不住，念念生灭'。

"善男子！是故初说、中说、今说，文辞是一，而义别异；义异故，众生解异；解异故，得法、得果、得道亦异。

"善男子！初说四谛,为求声闻人,而八亿诸天来下听法,发菩提心。中于处处演说甚深十二因缘,为求辟支佛人,而无量众生发菩提心,或住声闻。次说方等十二部经、摩诃般若、华严海云,演说菩萨历劫修行,而百千比丘、万亿人天、无量众生得须陀洹,斯陀含,得阿那含,得阿罗汉,住辟支佛因缘法中。

"善男子！以是义故,故知说同,而义别异；义异故,众生解异；解异故,得法、得果、得道亦异。

"是故善男子！自我得道,初起说法,至于今日,演说大乘'无量义经'。未曾不说'苦、空、无常、无我,非真非假,非大非小,本来不生,今亦不灭,一相无相'。法相法性,不来不去；而众生四相所迁。

"善男子！以是义故,诸佛无有二言,能以一音普应众声；能以一身示百千万亿那由他、无量、无数恒河沙身；一一身中,又示若干百千万亿那由他阿僧祇、恒河沙种种类形；一一形中,又示若干百千万亿那由他阿僧祇、恒河沙形。

"善男子！是则诸佛不可思议甚深境界，非二乘所知，亦非十住菩萨所及；唯佛与佛乃能究了。

"善男子！是故我说微妙甚深无上大乘'无量义经'，文理真正，尊无过上；三世诸佛，所共守护；无有众魔外道得入；不为一切邪见生死之所坏败。菩萨摩诃萨若欲疾得无上菩提，应当修学如是甚深无上大乘'无量义经'。"

佛说是已，于是三千大千世界六种震动，自然空中雨种种华；天优钵罗华、钵昙摩华、拘物头华、分陀利华。又雨无数种种天香、天衣、天璎珞、天无价宝，于上空中，旋转来下，供养于佛，及诸菩萨、声闻大众。天厨、天钵器、天百味，充满盈溢；天幢、天幡、天幰盖、天妙乐具，处处安置，作天伎乐，歌叹于佛。

又复六种震动：东方恒河沙等诸佛世界，亦雨天华、天香、天衣、天璎珞、天无价宝，天厨，天钵器，天百味，天幢、天幡、天幰盖、天妙乐具，作天伎乐，歌叹彼佛，及彼菩萨、声闻大众。南西北方、四维上下，亦复如是。

于是众中三万二千菩萨摩诃萨，得无量义三昧；三万四千菩萨摩诃萨得无数无量陀罗尼门；能转一切三世诸佛不退转法轮。其诸比丘、比丘尼、优婆塞、优婆夷、天、龙、夜叉、乾闼婆、阿修罗、迦楼罗、紧那罗、摩睺罗伽,大转轮王、小转轮王、银轮、铁轮、诸转轮王,国王、王子、国臣、国民、国士、国女、国大长者,及诸眷属,百千众俱,闻佛如来说是经时,或得"煖法、顶法、世间第一法"、须陀洹果、斯陀含果、阿那含果、阿罗汉果、辟支佛果。又得菩萨无生法忍、又得一陀罗尼、又得二陀罗尼、又得三陀罗尼、又得四陀罗尼、五六七八九十陀罗尼、又得百千万亿陀罗尼、又得无量无数恒河沙、阿僧祇陀罗尼,皆能随顺,转不退转法轮；无量众生发阿耨多罗三藐三菩提心。

尔时大庄严菩萨摩诃萨,与八万菩萨摩诃萨,说是偈赞佛已,俱白佛言:"世尊!我等八万菩萨之众,今者欲于如来法中,有所咨问;不审世尊,垂愍听不?"

大庄严菩萨与八万菩萨摩诃萨,说偈赞佛之后,共同问佛:"世尊,我等与八万菩萨,希望于如来法中有所咨问请益,不知道世尊是否慈悲哀愍,听我所问?"

佛告大庄严菩萨及八万菩萨言:"善哉善哉,善男子!善知是时,咨汝所问。如来不久当般涅槃。涅槃之后,普令一切,无复余疑。欲何所问?便可说也。"

佛告诉大庄严菩萨及八万菩萨:"太好了!善男子,你们问的正是时候。因为我不久即将入灭,为了使未来的众生心无疑惑,去除无明烦恼,你们要问些什么,请说出来吧!"

"善知是时"即恰当的时机。想要请法,必须观时机,否则很可能会适得其反。佛陀初成道即讲《华严经》,华严大教是讲圆顿大法,说的都是佛与大菩萨的境界,所以只有大菩萨能了解,一般的天人完全不能体会。

佛法要普遍流传,必须设方便法门以适应小根机的人。然而,浅的教法并非究竟圆满之法,方便法门无非是要引导我们进入大教的门径。佛的本怀是要教导众生行菩萨道,法华部就是教导众生行菩萨道,而在讲《法华经》之前,佛陀就先讲《无量义经》。

每一尊佛住世,如果开讲法华部,就表示已即将入涅槃,所以佛赞叹菩萨们,你们问得正是时候,要把握时间提出问题,莫存疑问。"涅槃"即寂静,亦云寂光土,此指佛的应化身将入灭,不再存于人间。

佛陀曾说:"我入涅槃之后,如果《无量义经》与《法华经》普遍流传于人间,自然能使一切众生不再有无明疑惑。"众生之所以在世间受苦,就是因为一念无明,所以才无法脱离生死。若欲去除无明,一定要专心地研究义理,并且依法奉行。

> 于是大庄严菩萨与八万菩萨,即共同声白佛言:"世尊!菩萨摩诃萨欲得疾成阿耨多罗三藐三菩提,应当修行何等法门?何等法门,能令菩萨摩诃萨疾成阿耨多罗三藐三菩提?"

佛道犹如一条大道,只要没有受到阻碍,自然可以通达佛道。大菩萨们均已证得十地果位，只要再进一步，就可以进入佛的境界，于是大庄严菩萨及八万菩萨共同请问佛陀这个问题。"疾"在此解释为"通达"而非快速。

> 佛告大庄严菩萨及八万菩萨言："善男子！有一法门，能令菩萨疾得阿耨多罗三藐三菩提。若有菩萨学是法门者，则能疾得阿耨多罗三藐三菩提。"

然而"知易行难"。正如，过去的鸟窠禅师对白居易所说："诸恶莫作，众善奉行。"这句话，三岁孩童晓得说，八十老翁行不得。其实，若能断一切恶，行一切善，消除一切无明烦恼与业障，实行福业，学习一切智慧法门，如此便可"疾成阿耨多罗三藐三菩提"。

> "世尊！是法门者，号字何等？其义云何？菩萨云何修行？"佛言："善男子！是一法门，名为'无量义'。"

世尊，这个能让菩萨修行成佛的法门，称为什么？其意义何在？菩萨要如何修行？佛陀说："善男子，这个法门名为'无量义'。"

学佛之人，修习《楞严经》可以开智慧，修习《法华经》

可以成佛,所以佛教有一句名言:"开慧楞严,成佛法华。"

"菩萨欲得修学'无量义'者,应当观察一切诸法,自本来今,性相空寂;无大无小,无生无灭;非住非动,不进不退;犹如虚空,无有二法。"

菩萨若欲修学无量义者,应当运用智慧来观察世间一切诸法。佛法不离开世间法,世间一切法亦即佛法。

一个学佛的人,若想要度众生,必须要有深刻的见识,否则将无法教导众生。

宇宙万物的原理即为无量义,无量义出于一心,一心亦能造无量义。世间的科学无论多么发达,总不离开人的智识。太空船登陆月球,也是由人的智慧来设计、实现,陆海空一切法皆不离人心。世间法既然如此,佛法也一样不离于心。

佛陀说法四十九年,后人结集成三藏十二部经,其中包含了八万四千法门,这些法门皆不离佛心。法虽有差别,性则无差别,因此世间与出世间法称为无量义,其中更包含了无量的善法与恶法。

学菩萨法的人,应当观察一切诸法。"观"是仔细地察看,观察事物若不用心,充其量只能说是视觉神经接触物体的形与色而已。这样并无法看出物体的真相,唯有仔细地观察,才能窥出其中的奥妙。

例如:我们所读的这本《无量义经》,白纸黑字并无特异之处,但是仔细分析起来,纸张必须由木材制成纸浆,而纸浆的来源——树木也离不开四种因缘,需要土壤、空气、阳光和水,由小树苗成长、茁壮,经过漫长的岁月,一直到被砍伐下来。木材经过发酵制成纸浆,过程也不单纯;纸浆厂的机器设备,也是由人的智慧所发明,经过了层层的推究与分析,这就是用心思考——观察。

世间的万物,我们都需要用心去观察了,更何况是人生的问题。我们是由什么因缘而来做人?人为什么能够培育作物?人与人之间,为什么无法平等呢?有的人富有,有的人贫穷;有的人很有智慧,有的人却愚痴无知;有的人美,有的人却长得丑陋。

佛法不离世间法,我们若欲智慧开阔,一定要有深刻观察的认知;观察事物不要光看表相,如果只看外表,那就和一架摄影机一样。既然生而为人,一定要好好分析世间万物,要去推究它的原理,真正做到"观察"一切诸法。

希望大家不要将智慧弃置不用,想要成佛的话,要好好培育自己的智慧,这就是成佛的本性,所以要经常擦拭心镜,并且用心观察世间一切诸法。

人人都有成佛的可能

"自本来今,性相空寂",自本来今是从无始以来,"性"就是本性;"相"是外貌、用途。世间一切万物皆有其本性及用途,例如:稻子可以长出稻穗,稻米的用途则是人类资生营养的粮食。

人的本性乃是向善去恶,人人都有成佛的可能。人有人的本性,物也有物的本性。"空寂",肉眼不能见。例如:一根火柴棒,我们看不出它燃烧的性能,一定要和火药纸摩擦,才能发挥它点火的性能。在未摩擦之前,并不代表没有性能。古人的钻木取火、击石点火,藉着两块石头互相撞击,就可以生出火花。可见"性"虽然看不见,但是因缘一和合,"相"自然就会产生。也因为万法由因缘所生,所以其体性空寂。

"空寂"空即无差别,空即无色、无相、无大、无小,因"有"才有差别。人的本性无大、无小,孩童虽小也有成佛的本性,他的"性质"和大人并没有差别。修行人可以成佛,尚未修行的人,将来也未必就无法成佛。

佛法云:"在圣不增,在凡不减。"圣者的本性并未增加,凡夫的本性亦未减少,因此,人的本性没有差别即为"空","寂"就是没有变化。我们的本性既然没有差别,本体即是佛,而佛教所说的平等,就是源于本性空寂的观念。

佛陀在因地修菩萨行时,即以本性空寂的法门修行,当别人以石块、木头丢掷、殴打他时,他只有闪躲,他说:"你们打我,我并不怨你们,也不敢轻视你们,因为你们将来都有成佛的机会。"这就是常不轻菩萨修行的法门。

如果了知性相空寂的道理,和一切众生就能平等;能够视一切众生皆平等,自然就可以发慈悲心。不论多么贫穷、愚痴的众生,他们将来都有成佛的机会;众生皆是"未来佛",能够以此心对待一切众生,就不敢轻视任何众生了。

"无生无灭",我们的肉体有生、老、病、死四相,这是身体的变化而已,我们的本性并未改变;肉体一旦死亡,灵魂舍此投彼,又会借另外的因缘而出生。我们的本性一直都存在,只是舍离这个世界,投生于另外一个世界。我们的本性"无生"即本来具足,当我们得遇善知识,智慧就会被启发;若是遇到不好的因缘,智慧无法开启,但是本性也只是隐藏而非消失。

"非住非动,不进不退",我们的本性犹如虚空,它没有所谓"静态",也没有"动态",既不向哪个方向前进,也不向何处倒退。佛性虽然人人皆有,然而现在我们只是凡夫众生,并非处在佛的境界。"性"虽然相同,"相"却不同;"性"乃普遍,"相"却非常住。佛性虽然人人本具,不过众生必须经过修行,内心才能得到真正的自在。

众生的本性都隐伏在心灵深处,《华严经》云:"若人欲了知,三世一切佛,应观法界性,一切唯心造。"只要因缘一到顿时开悟,智慧显现,本性的光芒一照耀,立地即可成佛。"顿"是立即,身虽然不变,心已证得佛的境界。

"犹如虚空,无有二法",本性犹如虚空,只要放下分别执著、智慧开启,烦恼除尽就能成佛。佛陀来人间,无论讲什么样的法门,无非是要度众生成佛道,绝无有二法。

> "而诸众生,虚妄横计:是此是彼,是得是失;起不善念,造众恶业;轮回六趣,受诸苦毒;无量亿劫,不能自出。"

每个人都有向上成佛的心,然而众生无始以来,被烦恼覆蔽身心,所以生出了虚妄横计。"横计"即普遍的爱恶计量。若了解万法同源,世间平等,自然就不会去算计；能够视一切众生如自身，就不会生起恶念。然而，人只要有了虚妄分别之心，就会产生爱憎的念头。

一般人对自己的亲人眷属，往往会因爱而起偏护之心，有了爱也就会有憎。比如：当自己的孩子与人打架，立即会看看自己的孩子有没有受伤，如果受伤的是别人的孩子，自己可能就觉得无关痛痒，这也是众生的"虚妄横计"。

"*是此是彼*"，因为有了审计执著的心，就会去分别喜爱与憎恶。喜爱的人即使做错事，也会极力为他掩饰与辩护；如果对方是自己憎恶的人，则会挑尽他的缺点。

对于物质也是一样，金钱人人都想要，甚至可以为了钱而去造业。一般人若是要他拜佛，或者做利益他人的行动，他一定会说没时间，因为他要赚钱。夜以继日不眠不休，即使是生病了仍然不肯休息，为了赚钱蓄财，连生命都可以不顾，这就是众生的无明与烦恼，不了解人生无常，所以产生计量执著之心。

"*是得是失*"，众生总是生活在患得患失的烦恼之中，因此容易生起不善念。有的人为了名利地位，想要向上攀升，就会想尽办法把对手拉下来。甚至有一句俗话"无毒不丈夫"，在生意场上，追逐名利勾心斗角，有了不善念就会造诸恶业。贪名爱色的心一起，在无法控制的情形下付诸行动,就会招致恶业,轮回于六道之间,六道即天、人、阿修罗、地狱、饿鬼、畜生道。

贪财为利招祸端

有一位青年,平日在银行上班,只因想要赚更多的钱,于是和朋友合伙做生意。朋友拿走他的钱之后,非但没有分红给他,还不断要他再拿钱出来;在不得已的情形下,他开始挪用公款,总共亏空了七十多万元。

在一个偶然的机会,他得知朋友有意侵占他的款项。于是找他谈判,准备要回自己的钱,但是都没有结果。而挪用公款的事东窗事发之后,他被人逼得走投无路。

就在他的朋友受伤住院期间,这位青年拿了一把匕首,准备去理论。他对朋友说明来意之后,朋友不屑地对他说:"你拿那么一点钱算什么,根本不够我用。"他一气之下,拿出匕首刺向朋友的心脏,对方就一命呜呼了,他见自己闯了大祸,拔腿就跑。

他骑着机车往西部逃逸,车子骑到三埅故障了,就拦了一部开往梨山的计程车。他六神无主,心中十分惶恐,后来曾经打电话给银行的同事,也打电话给家人,但是却没有勇气出来投案。

他本来预备去投靠台北的亲戚,无奈亲戚家早已布下警网,他只好投宿于一家旅社,又打电话给银行的同事,他的一位上司劝他出来自首;规劝良久终于出来投案。

这就是为了利,自己没钱又冒着挪用公款的风险,因此而造成悲剧。他的朋友则因一念之贪,才会招来杀身之祸。总之,众生就是因为虚妄横计,患得患失,起了不善念才会造众恶业,轮回于六趣。

"六趣"即六道,就是众生随业受报的六种趣向。"轮回"犹如车轮一般,不断地转动。

"天道"的天人寿命很长,苦少乐多。四天王天的一天为人间的五十年,忉利天的一天是人间的一百年。四天王天的天人,平均寿命是天寿五百岁,天人的寿命长,愈是往上层,寿命也就愈长。"人道"则是苦多乐少,一生之中尝尽了生、老、病、死苦,而天人尚未过完一天,我们就已经过完一生;而且人间多贫穷,不像天人皆享受富贵。

如果想要生天道一定要行十善业,天堂是许多宗教公认存在的,不论是信仰基督教、天主教、道教,只要能行十善,一定可以生天堂;不过,天人虽然享尽快乐,然而天福享尽之后,仍旧要落入六道轮回,仍在无常之中。

人间有苦也有乐,贫困的人为了物质缺乏而苦;富有的人，衣食物质无缺，精神却往往很空虚。一般为人妻者，生活贫困时虽然较为艰苦，心灵却很安逸。有朝一日，先生的事业有成、物质生活改善了，却要担心先生的情感是不是会发生变化，真是人生一大苦处。

人生苦的根源，大部分是来自虚妄分别，我们若能将虚妄转化为空寂，相信人人皆可获得快乐，不一定非生天不可。

佛教一向都教化众生要来人间修行而不要生天，因为生天之后就安于逸乐，不懂得再精进学佛。我认为做人最好，因为一方面可以学佛，又可以看尽各色各样的人，只要心境空寂宁静，心灵时时都可以达到快乐的境界。

过去，我有一位朋友，结婚之前心情十分笃定。每当好友们相聚，她总是自信满满地说："以后我如果结婚，一定不会像某某人，总爱查询先生的行踪。只要让我有钱，我一定会找几个人在家伺候他，不必让他操心。"

有一次我回去，在路上遇到她，只见她背了一个婴儿，手上又牵着一个小孩。我问她："好久不见了，你现在有几个孩子？"她说："五个了。"我问她："你现在要去哪里？"她说："听说孩子们的爸爸在外面有女人，我非去把他找回来不可！"

结婚前肚量那么大，结婚之后却全然不是那么一回事,这是因为不懂佛理,迷于人情事相。如能从"事"透彻"道理",遇到苦恼就可以及时看淡、解脱。

在尚未信佛之前,先生在外放浪形骸,做妻子的每天生气埋怨,病倒了也无可奈何。信佛之后她心灵逐渐平静,别人问她:"你现在不生气了吗?"

她说:"生气也没用,只要他想去就去吧!出去是别人的,回来就是我的,何必跟他生气呢?"她信佛之后,有了佛法作为依靠,心灵上有了寄托,心安身体就轻安,生活自然也相安无事了。

人生如戏悟真道

学佛,只要虔诚信仰,转化心念,必能从烦恼中解脱而得到法喜快乐,这就是学佛的好处。人生本是一场戏,了解人生如戏如梦,则心态自然能体悟——虚幻人生何需计较,而不再陷入虚妄横计。

人生要不断地锻炼自己,于污泥之中要开出清净的心莲,娑婆世界是堪忍的世界,要能堪忍,发愿再来做人;我们要时时觉悟,人生短暂,要把握时间赶快修行。若是空过时日不肯精进,天堂去不了,反而落入其余三恶道,可就苦不堪言了。

在人间如果造下十恶业,死后就会落入"地狱"。那里的刑具,完全是以火、以铁石之器来刑罚罪人,所以大家要防非止恶、努力修行,以免落入地狱受苦。

"饿鬼"腹大如鼓,喉如针孔,肚子极饿却无法吃东西。饥火中烧的结果,只要一张开嘴巴,再美好的食物也会烧成焦炭,受苦的时日也是遥遥无尽期。

我们触目所及,"畜生"所吃的东西都是最粗鄙、不新鲜的食物。牛辛苦地耕种,也只有青草可食,生时遭受鞭打,死后还难逃被杀被食啖的命运。猪、羊、鸡、鸭被人饲养之后,最后是供人宰杀,所以畜生道也很可怜。

"修罗道",阿修罗遍于六道之中,脾气暴躁,动辄打架闹事者皆可称为阿修罗。天道也有修罗,人道更是不乏其人,畜生道中的斗牛、斗狗、斗鸡,凶悍的畜生都可以称为阿修罗。

天人的寿命虽长,仍有尽期。我们生而为人,有佛法可听闻就要把握时间好好修行。人生苦乐参半,要以苦境作为借镜,莫忘了佛是在人间成就的,所以要成佛,首先要学做人,人格完美就是成佛的基础。

六道之中,行善者享福,为恶者则堕落受苦。堕落的人往往多于生天的人,由此可知造恶者多;一个人如果身不由己受业牵引,懵懵懂懂不识道理,在六道中犹如在暗夜行进,很容易落入地狱、饿鬼、畜生道。

"**轮回六趣,受诸苦毒**",天道的众生也有苦处,因为天堂虽然快乐,但是天福享尽、五衰相①现前时,正是福尽悲来的时刻。天人的衣饰华丽庄严,然而衰相一现前,衣着便会垢秽,人也显得衰老。平日享受安乐的生活,但衰相一现前,也会烦躁不安,此时会随着自己的业因,投生到牛胎马腹去,因此天人也有苦。

人在世间,必须尝尽生、老、病、死等苦,而地狱、饿鬼、畜生三恶道的众生更是苦无出期。"**无量亿劫,不能自出**",劫又称劫波。人寿由十岁开始,每一百年增加一岁,一直增加至人寿八万四千岁,此为一增劫。由人寿八万四千岁,每一百年减少一岁,一直减到人寿十岁,称为一减劫。人寿一增一减为一小劫,二十小劫为一中劫,四中劫为一大劫。

我们现在的人寿正处于减劫时期,人寿会愈来愈短;在增劫时期,人寿最长为八万四千岁。我们现在为坏劫时期,世间一切逐渐遭受破坏,文明、工商业受战争或其他种种因素所破坏,大地也有风灾、水灾、地震、火灾等灾

---

① 五衰相——(一)头上花萎。(二)衣冠垢腻。(三)腋下汗出。(四)身体臭秽。(五)不乐本座。

变,到了人寿十岁的时候,大地万物几乎荡然无存,连草木也干旱枯死,剩下的只是荒山野漠。

据佛经言:人类在饱受战争人祸及天然灾害摧残之后,仅留下少数人躲在山洞之中。等到灾难平静之后,这些人才走出山洞,这又恢复到原始时代,人寿再由十岁开始,每一百年增加一岁,由于人数少,也没有造恶的机会,生活单纯,没有不良诱因,所以人寿会逐渐增长。

人的寿命会变短,完全是因为造恶业的关系。人所造的业愈重,世间的共业形成,灾难也就会愈来愈多;灾难一多,人命的损失数量大,寿命平均也会愈来愈短,必须到人类不再造恶业,寿命才会逐渐增长。

"菩萨摩诃萨如是谛观,生怜愍心,发大慈悲,将欲救拔,又复深入一切诸法:法相如是,生如是法;法相如是,住如是法;法相如是,异如是法;法相如是,灭如是法。法相如是,能生恶法;法相如是,能生善法;住、异、灭者,亦复如是。"

众生因为起不善念,造诸恶业而轮回于六道受尽痛苦折磨,生生死死没有停歇,无量亿劫无法出离。菩萨是慈悲而觉悟的人,看到众生颠倒迷茫,所以生出怜愍、大慈悲的救度之心。

"菩萨所缘,缘苦众生",因为世间有许多造恶而受苦的众生,所以才有慈悲的菩萨来救度、教化众生。世间的法是相互对待的,就像医生这种行业,也是为了救助病人而存在的。

菩萨发大慈悲心要救拔众生,因此必须深入研究诸法。就像医生为了医治各种病症,需要不断地研究病理、临床实验,才能应付各种疑难杂症。

学佛,一定要以自度度人的精神来研究佛法,千万不要以应酬的方式念佛、听法,否则绝对无法成就。我们一定要明白得到人身不容易,得闻佛法更是困难。现在既得人身,又有机会听闻佛法,为了认识道理,去除烦恼,我们一定要专心一意地求法,自度之后还要进一步度人,实现兼善天下的菩萨精神。

"**法相如是,生如是法**",法相即世间一切事物,例如一块布,如果裁剪成海青,就要用于拜佛时穿着。而佛陀觉悟之后,了解世间的一切真理,即现出"三十二相"来说法度众生,由智慧流露出一切法门来引导众生。

观世音菩萨也常"现相"度众生,众生需要他以女人身得度,观世音菩萨就现女人身来说法;需要宰官身得度,他就现宰官身度众生;需要以比丘、比丘尼身度众生,他就现比丘、比丘尼身来度化众生。世间一切万物也有它本来的法相，而且有各自适应的用途。

"法相如是，住如是法"，法相如是，即应用于该法之上；"法相如是，异如是法"，有时候法相如是，应用的途径却不一样。例如：观世音菩萨是过去正法明如来，现在却以菩萨的相貌倒驾慈航，他本来是佛的法相，为了弘法度众生，所以示现如菩萨的身份。

又如：酒瓶本来是用来装酒，若空瓶不装酒，拿来装开水也无不可，功能是可以调整的。我们的真如本性一直都存在，可是从出生、童年、青年，一直到老年，外形却不断在变异之中，可谓"法相如是，异如是法"。

"法相如是，灭如是法"，世间一切皆属虚妄，众生大都有横计之心，所以才会造恶业；因为不了解根本的道理，常常执著于外相，才会执迷不悟。

佛为了开导众生，就以生、住、异、灭的法门来为众生开示，使我们了解世间事物和利害得失的虚妄，得以进入空寂的境界。

一切唯心造

"法相如是，能生恶法；法相如是，能生善法"，世间的形象五花十色,容易引导众生去造恶,也会使众生去行善,而造恶与行善的根源则在人的心。总之,一念觉醒或迷失,则能决定自己行为的趋向。

影响人心至巨的是外在环境的诱导。孟子的母亲为了教导他,所以有"孟母三迁"的故事。

第一次住在戏台附近,孟子便学戏子演戏;第二次迁往屠宰场附近,他也学屠夫的模样;最后一次迁往学堂附近,孟子便开始学莘莘学子用功读书,受了环境的熏习,终于成为一代亚圣。

我们每个人一出生,便开始接受外在环境的熏习,所接触的若是恶人,就会往恶的方向去走;若接近正人君子,必定可以启发善良的本性。

"**住异灭者,亦复如是**",世间万物皆离不开生、住、异、灭四相,大者如山河,小者如草木,也离不开四相。地理环境的好坏,时时都在变动中,只是我们凡夫看不见而已。

记得初离家时,当时住在台东,每天清晨课诵完毕我与修道法师就结伴到海边,一方面呼吸新鲜的空气,另一方面听听海潮音。

有一次台风来袭,隔天一早我们仍旧到海边观潮。一夜的狂风暴雨,短短几个小时,潮水涨的速度十分惊人,海岸线不断地向陆地移动,我们竟然较平日少走十五分钟就看得到海了,由此可见,山河大地也是时时在变动之中。

一根小草由种子萌芽,称为"生";天天不断地成长,称为"住";春季的和风使得草儿嫩绿,夏季的艳阳照得草儿弯腰,秋风的萧瑟令草儿枯黄,称为"异";寒冬来临草儿干枯死亡则为"灭"。大地上的草木虽然枯黄,然而土壤中的种子仍旧存在,等待春季来临,它又会萌芽生长,这也是生、住、异、灭之相。

> "菩萨如是观察四相始末,悉遍知已,次复谛观一切诸法,念念不住,新新生灭。复观即时'生、住、异、灭',如是观已,而入众生诸根性欲,性欲无量故,说法无量。说法无量故义亦无量。"

菩萨若欲了脱生死、度众生,必须详细观察四相始末。彻底了解生住异灭真相之后,还要更深一层,认真地观察一切诸法。一切法没有一项能永远常住,只要心念一转,事物也随之变迁生灭;人的身体也是如此,时时刻刻都在代谢之中。

"新新生灭",即刚才生出来,随即又灭掉。我们的心念也是如此,过去的称为"灭",再来的则为"生"。

婴儿一离开母胎,出生到世间,也是生灭的现象。婴儿离开母亲的子宫胞胎后,身体一接触到空气,受到空气的刺激,浑身刺痛所以才会大声啼哭。

母亲不知道婴儿在胎胞的形状为何,婴儿也忘记被生时的情形;在接触空气的一刹那,保护膜于瞬间产生。像蜡烛的蜡油熔化之后,滴下来的那一刻,很快就会形成一层薄膜;人身皮肤的保护膜,就像蜡油形成薄膜的速度一样快,只是我们很少仔细地去观察。

"*新新生灭*",即刹那间产生,又在瞬间走向灭的境界。

比如:后面的念头占去先前的念头。我们的生理现象也是一样,新陈代谢无时无刻都在进行,只是我们毫无觉知,指甲何时长了?头发何时变白?自己都无法了知。若能了解新新生灭的道理,就能进一步体会生、住、异、灭的道理。

地球也有成、住、坏、空,由地球的产生,乃至世间万物的发明、供人使用,经过了"住"的过程,经过一段时间,一切事物便又逐渐坏灭消失,我们必须了解,世间是无法常住的。"*复观即时生、住、异、灭*",即时是刹那间,反观诸法,刹那间于生、住、异、灭中变迁。

知己知彼而行教化

"如是观已,而入众生诸根性欲",透彻地观察诸法真相之后,就有办法了解众生的性向。想要教导众生,一定要学无量大法,才能令众生心悦诚服,进而了解佛法的真理;自己若没有深入去研究,必然很难胜任度化众生的事业,甚至连小孩子都无法化度。

我曾听到孩子们在后面玩耍,声音传到前面,而大人们在一旁制止:"不要那么大声,好吗?"只听到一个孩子回答:"如果我们在念佛,你会叫我们不要那么大声吗?"大人一时为之语塞。

智力如果不足,非但无法影响别人,反倒会受人所影响,所以我们学佛一定要学大法,千万不要学小法。任何事情都要用心研究与观察,才能了脱生死进而度化别人。

"诸根性欲",根即人的智识程度,有智慧的人称为"利根",愚钝的人称为"钝根"或"劣根"。"性"是人的本性、性质。"欲"是欲望或希望。

由于人的根机参差不齐,所以菩萨需要学习许多法门,才能适应众生的根机。人心不同各如其面,每个人的长相不同,个性当然也就不一样;有的人个性暴躁,有的人则是慢条斯理的。

在日本,有两位性格完全不同的人住在一起,一位是急惊风,另外一位则是慢郎中。日本的冬季极为寒冷,一定要烧炭取暖。有一天,两人坐在炉子旁烤火,这位慢郎中开口说:"我有一句话要告诉你,可是不晓得你会不会生气?"

急性子的人说:"既然你有话要说,那就赶快说吧!吞吞吐吐的急死人了。"慢郎中说:"慢慢来啦!你就是这么性急,做人呀!凡事要按部就班,你的脾气这么暴躁,教人想了就害怕呢!"

急性子的人说:"到底是什么事情,你快说,我已经急得不得了。"慢郎中缓缓地说:"看!你的和服已经被火烧着了。"真是急惊风遇到慢郎中!急的人太急,慢的人又太慢了,这就是人的习性差别。

习性还有善与恶之分,有的人受人欺负,他愿意忍耐,做任何事情都能任劳任怨;有的人则好逸恶劳,只追求享受而不肯付出。

我们想要度众生,必须先了解他的智力。智识高的人,要以高深奥妙的道理去开导他;智识较低者,要以浅显的道理去引导他。对于个性急躁、缓慢或善良、恶劣,我们都要仔细观察他的特性,再运用适合的法门去引导他。

"欲"则是追求的意思，一个人若只知道追求财、色、名、食、睡，一定会堕入地狱。因贪图名利、爱财如命的人，不但不肯布施，更会因此造恶业；爱色之人，为了追求男女色欲，往往会造下种种不善业；贪食、贪睡也是罪恶之源。

人命就在呼吸间，一口气呼出去，不再进来也就结束了。人的一生，成长之后即使再勤快，也只有三分之一的时间真正在为人群服务。从出生到少年求学期间，并未发挥人生的功能，因为尚在培育时期。我们每天还要花掉三分之一的时间来睡觉，佛教称睡眠为"小死"，一天就要小死八个小时，其余还要吃饭、休息，剩下的时间仅仅八个小时。一个人若活到七十岁，真正在发挥人生功能的时间，已所剩不多了，因此不可贪图五欲，虚度光阴。

学佛，应该朝着一个目标去努力，那就是"转凡成圣"。佛陀离开人间两千五百多年，他的德号尚留在人间永垂不朽，当初的愿望就是要救度众生；所以不畏艰苦决心修行，后来终于修成正果留芳万世。对于善欲我们要努力进取，不善之欲则要尽量去除，才能达到理想的目标。

"性欲无量故，说法无量"，佛陀说法度人十分契合时机，而且佛陀的学德丰富、相貌庄严，所以教导众生较为容易。"说法无量故义亦无量",我们对人说法,一定要符合众生的根机;对什么样的人,说什么样的法,对象不同,内容当然也不一样。

> "'无量义'者,从一法生;其一法者,即'无相'也。如是无相,无相不相;不相无相,名为实相。"

无量义者,虽然有各种不同的道理及意义,不过决不离开一法;"一法"即心法,不论对任何人说什么话,都是由智慧所流露出来。"一法"并没有固定的形态,是由心想再由口舌说出,亦即我们的本性。因为佛性无相、智慧无相、心念也无相。

"如是无相,无相不相,不相无相,名为实相",我们的心法本性是无相的,因此不必执著。教导众生要运用智慧,救度众生时更不可以分别、执著外相,若是为了名利才去救度众生,就是"恶法"。真正的善法要出于无相,因本性本来就是空寂、清净的;出于至诚互相帮助,不取著名相,这才是真正的佛性,发自内心的慈悲与智慧才是实相。

> "菩萨摩诃萨安住如是真实相已,所发'慈悲',

明谛不虚；于众生所，真能拔苦；苦既拔已，复为说法，令诸众生，受于快乐。"

菩萨安住在真实的境界，众生心所处的却是迷茫黑暗的境界。菩萨心所住的境界光明清净，安住于实相丝毫不假，能了解人生的希望，做利他的事情，也就是做救度众生的工作，所以时时都安住在实报庄严或常寂光净土的境界。

"所发慈悲，明谛不虚"，菩萨安住于实相，不执著世间的名利，脚踏实地做利益众生的事业，智慧明明历历呈现无遗，"谛"为真实至理，菩萨所发的慈悲是明理而愿意利益众生的心。

"于众生所，真能拔苦"，菩萨能以身作则、牺牲小我救度一切众生，在成就自己之前，先去成全别人，因此于众生之中是真正能拔苦的人。众生在世间，物质缺乏时很苦，精神上若空虚也是苦，六道轮回更是苦。菩萨发起深切的慈悲心，要拔除众生的一切痛苦。

"苦既拔已，复为说法，令诸众生，受于快乐"，慈济所做的济贫工作，就是在解决众生现实生活上的痛苦。慈济人集合多数爱心人的力量去救济贫困的苦难人，解决他们生活及心灵上的困难。

无力就医者我们举办义诊,以药物解除他们身体的病苦;物质缺乏者,我们给予食物与衣服;无家可归者,我们也有照顾户的住宅安顿他们,在食、衣、住、行各方面,拔除他们的痛苦。

除了解除众生生活上的困境,我们还要了解到"人身难得,佛法难闻"。贫困的众生之所以如此痛苦,是因为他们前生没有种福,前生没有布施,今生才会受到生活困苦的折磨,所以应该进一步教他们念佛、修善,使他们来生还能遇到善知识,能够种善根、得大智慧。

我常告诉委员们,当照顾户们来看病时,要以慈言爱语去慰问他,教他们念佛,告诉他们念佛的好处,讲解因果的道理引度他们,这是初步的说法。

人的病苦是三分身病、七分心病,所以除了给他们药物上的治疗之外,还要在精神方面加以鼓励与安慰。你们都是发心的菩萨,在物质及精神上都要平行布施,使众生能够得到快乐。

"善男子!菩萨若能如是修一法门'无量义'者,必得疾成阿耨多罗三藐三菩提。"

想修学佛法的人,若能发大慈悲心、研究佛法,脚踏实地救度一切众生,这便是修无量义法门的人。了解无相法门,就能深入无量义法门,若能了解无量义之教理,一定可以通达佛的大觉道。

"善男子",佛法注重平等,只要肯发菩提心,就可以称为善男子,当然亦有善女人。佛法不着重外相,女人只要能发大心、行大道也是一位"女丈夫",虽然现女人相于世间,但是要行丈夫事,因此,凡是学佛者都必须具备勇气,大家在做事时,都需要具备三种精神:

一、要有骆驼任劳任怨、忍饥耐热的精神。骆驼走在沙漠之中,天煎地逼,身上还要驮载重物,但它丝毫不埋怨,慢慢地行走于沙漠之中,我们应该要学习骆驼忍辱负重的精神。

二、要有狮子的勇猛。狮子的气魄勇猛却又很细心,不论是对付和它一样大的兽类,或者小如山兔、野鼠,它都丝毫不松懈。我们做事情也是一样,无论是大事小事,都必须集中精神去做,才能成就事业。

三、要有童子般的赤子心。童子尚未接触社会的染着,没有分别心,对一切事物皆抱着天真、热心学习的态度。我们若想成为真学佛者,一定要具备这三种心,不记恨、不退缩,如此才能精进,通达佛的境界。

"善男子！如是甚深无上大乘'无量义经'，文理真正，尊无过上，三世诸佛，所共守护，无有众魔群道得入，不为一切邪见生死之所坏败。是故善男子！菩萨摩诃萨若欲疾成无上菩提，应当修学如是甚深无上大乘'无量义经'。"

善男子，这部甚深无上之大乘《无量义经》，其崇高的思想、道理，没有任何经典可以超越其上。"真"是不假，"正"是不偏。是真正佛的根本精神，最值得我们奉行。学佛者应该尊重《无量义经》，实行它的教义。

"三世诸佛，所共守护"，并非只有释迦牟尼佛弘扬此经，就是过去、现在、未来诸佛，也是以无量义精神来救度众生。要弘扬佛法救度众生，不能离开无量义之法门，因此是三世诸佛共同守护的法门。

"无有众魔群道得入"，邪不胜正，《无量义经》的道理既然是真实的大法，群魔当然就无法侵入。佛陀出生在印度，当时印度有九十多种外道教。佛陀成佛之后，有许多外道人士听了佛的教理后，都舍邪归正皈依佛门。

比如：舍利弗、目犍连、迦叶尊者过去都是外道教的首领，听了佛法后，即被佛陀的智慧所降伏。可见正确的教理，非但不受群魔所侵入，并且可以降伏外道邪说。

佛陀一生化世，在世间教导众生，无论任何外道的教徒，都愿意接引他们皈入佛门。但是佛陀即将入灭时，他感慨地说："真理可以降伏众魔邪教，我入灭之后，他教也无法侵入佛法，反倒是佛弟子如有所偏邪，犹如狮子身中虫，自食狮子肉。"

狮子为百兽之王，形态威武，即使死了，其他动物也不敢随便靠近它，唯有自己身上的虫，才能啃噬它身上的肉。佛陀无限感叹，佛理是圆融的，任何宗教的教理都无法胜过；然而，佛陀灭度后，有少部分不肯依教奉行的人自称是佛教徒，所行的却是邪迷之法，佛法即遭受破坏。

佛教是智信的宗教

佛教的教理不离开世间的道理，世间真有其人，佛教才能以此做证明。佛法是真实的、是圆融的，一切都有据可考，所以不要去相信无史可查的教法；佛教是智信而非迷信，不可人云亦云，要以智慧去分析了解。

曾听说有一座天主教的教堂，收藏着一部很完整的佛教藏经。他们很深入地研究《法华经》，然后将经文的意义改变风貌加以运用。

有一天清晨，我听到一个天主教节目，其中有个故事,完全是出自《法华经》。故事描述:有一个富家子,离家后迷失了方向,孩子的父亲派人寻找未果,富家子流浪多年,后来沦为乞丐。有一次来到富翁家门口,他却不认得自己的家。富翁认出他就是多年前走失的儿子,于是运用智慧,将孩子诱入家中,同时不去惊动他。首先安置他住下来,再以物质留住他,日子久了才说明真相,告诉这流浪的孩子——你就是这个家的继承人。

这个故事的含义是:一般人都不知道自己原是富有本性良能的人,只因长久的流浪而迷失自我。佛教的教理普遍于天下,许多外道教皆加以运用,只是形态不同而已。

"不为一切邪见生死之所坏败","法"不变,变的是"人"。只要真正依教奉行,无论到了什么时代,佛法永远不会变质。能去除无明邪见,就没有生死的苦恼,因此想要修行、救度众生的菩萨,若欲通达无上的觉道,应当修习《无量义经》深奥之教理。

> 尔时大庄严菩萨复白佛言:"世尊!世尊说法不可思议,众生根性亦不可思议,法门解脱亦不可思议,我等于佛所说诸法,无复疑惑;而诸众生,生迷惑心,故重谘问。"

那时,大庄严菩萨再次禀告佛说:世尊您说法不可思议,众生的根性也不可思议,无量法门亦是不可思议。

佛陀所说诸法及慈悲教导众生的威德权巧,我们深信不疑。但是众生的根器参差不齐,将来有的人无法接纳佛陀深奥的大法,会心生迷惑,现在为了这些迷惑的众生,所以再次请问佛陀。

"世尊!自从如来得道已来,四十余年,常为众生演说'诸法四相'之义;苦义、空义、无常、无我;无大、无小、无生、无灭——一相无相。法性法相,本来空寂;不来不去,不出不没;若有闻者,或得'暖法、顶法、世第一法',须陀洹果,斯陀含果,阿那含果,阿罗汉果,辟支佛道;发菩提心,登第一地、第二、第三,至第十地。"

佛陀成道说法以来,共有四十余年,四十余年之间,常为众生演说诸法四相的义理。四相是苦空、无常无我,无大小、生灭的法相。

"空寂"是佛与菩萨的境界,佛虽显现种种的法,但是本性空寂。唯有佛菩萨才能以空寂的教法,显现四相的教义。人世间则永远无法脱离苦,人生最根本的有四苦、八苦、二十五有之苦,最根本的苦是生、老、病、死苦。

我们就因为出生在人间,所以才会受到种种的苦。大多数人都无法体会生之苦,每个人在母亲的子宫胞胎中,十个月的时间,全都住在暗无天日的"胎狱"之中,黑暗沉闷习以为常,所以一点也不觉得苦。

十个月的时间一到,当胎儿要离开母体时,犹如从两座山岳夹缝中挣扎而出,赤裸裸的肉体接触到空气的一刹那,那种椎心的疼痛,使得每个婴儿,一脱离母体就哇哇大哭。

刚出生的婴儿细嫩的皮肤,被助产士抱起来就往澡盆里放,洗澡时又以毛巾搓揉,那种疼痛就仿佛是沸汤地狱之苦,无法言喻,唯有以哭声来表达,这就是生来世间的第一项苦。

有了生,就会受到种种环境的折磨,当然最后也脱离不了死;有了生,就会有变异的老相出现。刚出生时,小小的躯体,在不知不觉中逐渐长大,这是成长、变异之相;由婴孩至童年、少年至青年,壮年再来就进入老年。

年轻的时候,可以随心所欲,并未觉得苦,但是一步入老年,身体各机能逐渐老化,腰酸背痛、老眼昏花、齿牙动摇,穿针看书都看不清楚,老来真是苦呀!

"病"更是苦,任何人都希望自己身体健康。过去的张飞勇健强壮,毫无惧惮。一日孔明问他,有一事不知你怕不怕?张飞一见孔明所写的"病"字,连连倒退了三步,直嚷着:"怕,怕,怕!"壮如张飞都怕病来磨,可见病多苦呀!

"死"为人人所恐惧,病虽苦,然而为了求生,大家宁可进入手术房开刀,为的是避免死亡一途,所以面临死亡也是苦。人生的生、老、病、死,是一件很平等的事,无论是王侯宰相,官位再高、财富再多,都无法阻止无常鬼的来临,无常鬼最为平等,贫街陋巷他去造访,富贵之区他也不会错过。

"求不得苦",我们每个人都有希望与心欲,但是世间不如意事十常八九。欲望犹如大海,永远没有满足之时,而求不得即不如意,因此会产生痛苦。

贫穷的人三餐吃不饱,寒来无衣御寒,住的破房子冬天受寒风吹袭,夏天则被炙热的阳光烘烤,衣食住行各方面都有求不得之苦。富有的人,物质上虽然不愁吃穿,住的是有冷暖空调设备的楼房,然而有的人却为了子女不肯上进而伤透脑筋,这也是求不得苦。

"怨憎会苦",彼此憎恨的人偏偏住在一个屋檐下,一家人时常发生口角,不得平静,这就是怨憎会苦。"爱别离苦",相爱的人为了经营谋生或服役而分离,这也是一种苦。

"五蕴炽盛苦",五蕴即色、受、想、行、识,我们因为有了这个色身,所以会接触到外面的境界。然后,我们的识就会产生分别,有分别心就会有苦与乐的感受。身体的感受与与外境和合所产生的痛苦,犹如洪炉燃烧般地炙热难当,称为五蕴炽盛苦。

佛陀常常对众生开示种种的苦,使众生不再迷恋于世间而无法觉醒,因此佛陀教导众生,不要留恋多苦的世间,唯有了解苦的根源,才会懂得要出离三界,追求永恒的安乐之境。

最有福的人

"空",万法空寂,世间万物迁异变化,没有一样东西是永存的。出生时两手空空,来到世间努力的目标是为了物质;但是临终的时候,又带走什么东西?所以世间一切的物质皆是空寂。

我们学佛,为世间做一切善事,内心也不可以执著。事情做过之后,就要让它过去;在人群中付出,要像走路一样,前脚跨出去,后脚就要提起,如此才能精进。若是每做一件事情即耿耿于怀、无法空寂,这就无法安心处世,因此要时时觉知:"世间一切,人我皆空。"这样才不会有计较心。

佛陀常常告诉众生：世间无常，"常"即永远不变。世间没有一样东西永远不变，既然无常，就不需要去计量，能够了悟真理（智慧）、放大心量（慈悲），就是最有福的人，我们应该把握无常短暂的时间，多多行善、念佛。

"无我"即无我执，不要执著到底什么是"我"。世间的"我"只不过是个代名词而已，并无一个真正的我；若是起了执著心，在这世间将会造出种种的业，太看重自我将会执迷不悟。

日本有一个寓言故事——一只鹿平日最引以为傲的是它的鹿角，而四只脚却瘦而难看。有一天，它到河边去喝水，鹿角倒映在水中，它一看就生起骄傲的心；愈看愈得意，一时之间忘记自己处境的危险。

当猎人一出现，刹那间它拔腿就跑，飞奔向树林间，森林中蔓藤纠葛，它那美丽的鹿角突然被蔓藤卡住！当猎人的脚步逐渐逼近，它无限懊恼地说："想不到平日我最厌恶的四条腿，是我救命的利器，而一向引以为傲的美丽鹿角，却害得我丧失性命。"

人生也是如此，有时往往会忽略掉最为宝贵的东西，因为常人都有一分执著贪爱之心。一有了我执，就会生起爱念，有了爱念，就会有人我喜恶之心，无法平等。唯有去掉我执,才能够做到人我平等,放开胸怀,拥有大慈悲的胸襟。

"**无大无小、无生无灭**",世间万物本无大小之分,看看那只鹿,平日以鹿"角"为傲、以鹿"脚"为贱,真正要发挥用途时,就无分何者为贵、何者为贱了。大人有成佛的本性,小孩也有成佛的可能,佛性无大无小。

《法华经》言,只要人心向善,乃至童子皆共成佛道,甚至一入寺院,一称南无佛,也可成佛道。因为我们已经种下善根,以草木、墨、笔,画造佛像,也可以成佛道。

世间一切法皆不可轻视,因此法无分大小,事无分大小,物也无分大小,不要有大小的成见计较。

"**无生无灭**",众生的本性静如井水,只因一念无明而产生了波浪。我们本有不生不灭之灵觉,但是惑于眼前的境界,暂时迷失了觉性,只要深一层去推究,即知并无生灭之相。

"**一相无相,法性法相,本来空寂**",实相无相,所以不要执著外相的美丑、贵贱、大小,它都是变异不定的。

《金刚经》云:"应离众生相、寿者相,一切相皆不可执著。"人是由四大假合所成,骨肉为地大,血为水大,呼吸为风大,身体的体温则属火大,四大之中任何一大不调,身体就无法维持健康。任何物体也是一样,都是由多种元素所组成,一旦加以分析,则无具相存在,所以无需执著外在形象。

"法性法相,本来空寂",众生皆可成佛,而且并无另外一个可以成佛的相。佛言:"心、佛、众生,三无差别。"同样的法,同样的佛性,众生如果肯向善,有了坚定的志向及耐心,将来都可以成佛。

因此,三者名称虽异,然而最终的境界却没有差别,既然没有差别就是空寂。"空"是离差别相,"寂"是离变化,我们的本性、佛性永远都没有变化。

"不来不去,不出不没",人人本具佛性,并非此刻来听法才产生。它是本具的,也没有来去、出没的变化。

循序渐进得安乐

"若有闻者,或得暖法、顶法、世第一法,须陀洹果,斯陀含果,阿那含果,阿罗汉果",暖法、顶法、世第一法①,这是三种加行法(加功运行),再加上忍法则是修行的四

---

① 1. 暖法:修四念处、四正勤至这种境界,功夫已渐得力,就如钻木取火,虽未得火,已有暖气上升,快要燃火了。
2. 顶法:又名顶位,是暖法善根渐次增长,至圆满时所生的善根,此法最胜,犹如人的头顶。
3. 世第一法:为世俗中第一殊胜者,是有漏智的最极致。

大要素。"暖"如热能,世间万物之始均需要热能,一部机器要运转,也要有热能。我们想要信佛,也必须先有热心行善的动机,比较容易进入佛门。

"**顶法**",顶喻高峰,有了热心就会去研究,研究时需要加以选择。我们所要选择的是究竟之法,究竟之法即顶法;我们在初学时,智识较低,选择及研究之后,智识即增加了。

"**世第一法**",是"四加行位"的最后一关,也是世间有漏智的最极峰,所以称为世间第一法。经文只写出暖、顶、世第一法,其中尚包含了"忍法"。选择了理想的教法之后,还要有忍耐的精神,能随顺安忍。

"**须陀洹果,斯陀含果,阿那含果,阿罗汉果**",这四果是声闻的果位。声闻人是用耳根听佛的四谛法而证果,多了解一层就能觉悟一分、证得一果位,小乘修行者的极果就是"阿罗汉果"。

"**辟支佛道**"又名独觉、缘觉,缘境而觉悟。独觉出于无佛的时代,佛法也已经不流传。但是具有这种根性智慧的人,能于春夏秋冬四季的环境变化中,慢慢推究人生的道理,他不需要依靠佛的音声,自己即有办法觉悟宇宙的真理。不过这种觉悟,并非究竟至理的觉悟,只是自觉,无法普遍地觉他。

"发菩提心，登第一地、第二、第三，至第十地"，佛陀弘法四十多年的时间，时常为众生演说四相之教理，苦、空、无常、无我、无大、无小，及性相空寂等高深的大法。法性(本质)皆是不来不去、不出不没，如果有人听了佛的教法，他就可以发心由"四加行"去修行，不但可以证得果位，从小乘的果位逐渐就可以发菩提心。

小乘声闻及辟支佛，比较着重自己修行、独善其身，却不太注重众生的苦乐。但是他们在听佛说《无量义经》之后，已渐渐发出菩提心来，菩提心是救度众生的大道心。上求佛道、下化众生，只要我们肯学，也可逐步亲证真理，终至妙觉、佛的境地。

如果发了菩提心，即可依次地精进。修行的阶段中，要登上十地，必须经过五十二位。首先要经过"十信"，信仰宗教首先要有信心，此又分为十个阶段。

信仰之后有十种住，即"十住"，起了坚固的道心，永不退转，不受其他宗教影响，此为"住"。接着是"十行"，选择佛教之后，还要进一步去实行。修行时一方面利益他人，一方面修持自己。之后还要回向、再精进，此即"十回向"的阶段。

十信、十住、十行、十回向、十地，总计五十位阶，再加上妙觉、等觉，共为五十二位。这是修行的阶段，犹如楼梯一样，由十信、十住……一步步往上爬，登至高峰即是等觉、妙觉菩萨。

等觉、妙觉菩萨与佛觉仅些微之差。而我们是初发心的菩萨，不过，修行只要肯发心，精进不退，所做的事情皆利益人群，即可渐渐提升智慧，终至登上妙觉与佛的圣境。

> "往日所说诸法之义，与今所说有何等异，而言甚深无上大乘'无量义经'？菩萨修行必得疾成无上菩提，是事云何？唯愿世尊慈哀一切，广为众生而分别之，普令现在及未来世有闻法者，无余疑网。"

佛开一切方便法门，无非是教我们逐渐地进取，直到登上十地。过去四十二年之间，所说诸法义理，和现在说的有何差异呢？

佛陀所言甚深无上大乘《无量义经》，菩萨若是依教修行，必定可以修成无上正等正觉，请问这又是为何？希望世尊慈悲愍念一切，广为现在及未来的众生详细分析，使一切闻法的人，听了《无量义经》之后，能够脱离疑惑的迷网。

于是佛告大庄严菩萨："善哉善哉！大善男子！能问如来如是甚深无上大乘微妙之义，当知汝能多所利益、安乐人天、拔苦众生；真大慈悲，信实不虚；以是因缘，必得疾成无上菩提，亦令一切今世、来世诸有众生，得成无上菩提。"

孔子的弟子子路，求学不求甚解，于是孔子说："知之为知之，不知为不知，是知也。"听法的人也是如此，懂了要说懂，不懂要说不懂；说法的人会尽量解释到你了解为止。

佛陀对大庄严菩萨的启请感到欢喜，他说："太好了！大善男子（大善男子亦指真正有心求法的人）。无量义甚深，并非你一人不了解而已，如今你能提出来问，可以使许多人更进一步了解。"

由于大庄严菩萨的请益，使得许多人获益匪浅，的确是安乐人天、拔苦众生。人的生活有精神与物质两种需要，大多数人的身病皆由心病而起，精神上的资粮则来自真善美的追寻及正信的宗教信仰。

人生在世犹如茫茫苦海，宗教则是苦海中的明灯。当人们心灵空虚时，有了宗教作为心灵上的依靠，在人生道上自然就可以生活得很自在，并且得到心灵的安乐。

有些人身体健康状况很差,但是当他进入佛门之后,身体就慢慢地健康起来。因为学佛之后,了解人生的道理,欲念就渐渐趋于淡薄,精神上逐渐地看开,心灵有了依靠,身体自然就恢复健康。

据佛法的分析,身体有四百四病(泛指人类所有疾病的总称),精神上则有八万多种,心病多过身病,而且比身病还要难医。人的精神可以支持身体,当一个人忙碌时,全神贯注就会忘了病痛,但是只要一闲下来,毛病可能就接踵而至。精进的人,他的身体即使有病,也不会将病放在心上,仍然提起精神来为别人服务,这种人虽然身有病却犹如无病。

能够弘扬正法,就等于是安乐人天、拔苦众生。除了人需要佛法之外,天人也需要法,大家在此听法,不只是人在听法而已,一切众生,不论看得到的或是看不到的生灵,都需要佛法的滋润。有了佛法的滋润,依法而行,就可以避免在人生路上造诸罪业,内心即得安稳快乐。

"**真大慈悲,信实不虚**",能够弘扬佛法,利益人天拔苦众生,是真正的大慈悲,也是根本的救苦之法。在物质上接济,只能说是治末而非治本之道。一个人造恶之后,会受到恶的报应,当他受苦之时,光是给予物质上的救济,不是拔苦的根本。真正的大慈悲,是以佛法滋润他,使他行于正道,才能去除受苦的根源。

"信实不虚",佛是真实语者,过去所说之法皆为真实,只是众生根机,尚无法接受大法,因此示以方便法门。

"以是因缘,必得疾成无上菩提",现在因为你们弘扬佛法,求法及救度众生,发大菩提心,由此可知,将来你们一定可以和我一样成大菩提道——佛的境界。

"亦令一切今世、来世,诸有众生,得成无上菩提",除了大庄严菩萨及八万菩萨得以成佛,将来若有人能依经义发心流布,使众生听了之后得以了解,也能成就无上菩提。

"善男子!自我道场菩提树下,端坐六年,得成阿耨多罗三藐三菩提,以佛眼观一切诸法,不可宣说。"

佛陀出身为太子,因为看到众生的颠倒,以及感觉到人生之苦,所以他抛弃名利、地位与幸福,发心去修行。他勤修苦行,为了求取觉道,六年之间走遍全印度参访明师,然而还是无法透彻了解。后来他在雪山的一棵大菩提树下静坐修行,因夜睹明星而开悟——那一年十二月初八,天将黎明那一刻,他睁开眼睛,刹那间看到明星闪耀的光辉。他的心光与星光交会的那一刻,即彻悟了真理,并且了解到:除了我们住的这个世界之外,还有其他的世界,真是森罗万象。

科学家已证实,除了人所居住的地球,还有其他许多星球存在。佛陀说每一个三千大千世界皆有佛,每一世界皆有众生。近来科学家探测火星,所拍回来的照片显示,火星上有大量被水侵蚀的地貌,如峡谷河川,表示远古时代,火星上曾有大量的水源,既然有水,就会有生灵。

科学愈发达,人的智识就渐渐开阔,佛教的道理也一一被证实,这足以证明,佛陀的智慧如海,并非凡夫的心境所能够完全了解。

佛陀夜睹明星彻悟之后,他不动身形,三七二十一天演说《华严经》,灵性入定遍十方诸佛国土、悠游于佛土的境界。然而,佛的境界不可宣说,因为人天、凡夫皆听不懂。

佛陀当时讲《华严经》,虽然天人无数,然而大多数都无法接纳佛陀所说之法,唯有法身菩萨及等觉、妙觉菩萨可以接受,可见其境界之深奥,非众生所能理解,唯佛与大菩萨能究竟明了。

"所以者何?以诸众生性欲不同;性欲不同,种种说法;种种说法,以方便力,四十余年,未显真实。是故众生得道差别,不得疾成无上菩提。"

为何会难以宣说如是妙法？因为众生的认知不同，每一个人皆有不同的个性与欲念，所以必须用种种法门观机逗教。佛以智慧来分析对方的根性，先以方便的教法来使他了解：如何自修清净行；而尚未教他做菩萨、教导众生。佛的教法与本怀，是要众生能够达到佛的境界，但是因为众生的根机还无法接受，所以先教示方便法门。由于众生根性有所差别，得道的时间自然也有差别，因此无法立刻到达菩提大道。

"善男子！法譬如水，能洗垢秽；若井若池，若江若河，溪渠大海，皆悉能洗诸有垢秽；其法水者，亦复如是，能洗众生诸烦恼垢。"

水能洗去污秽尘垢，不论是江、河、井、池，甚至大海的水，都可以洗去污秽。佛法也是一样，它可以解除人们心中的杂念垢秽。人心的垢秽，最根本的即贪、瞋、痴三毒，佛法的真理可以帮助我们去除心灵上的垢秽。

"善男子！水性是一，江河井池、溪渠大海，各各别异；其法性者，亦复如是；洗除尘劳，等无差别。三法、四果、二道不一。善男子！水虽俱洗，而井非池；

池非江河;溪渠非海。"

水的性质虽然一样,但是江、河、井、池、溪渠大海的形态名称却有所不同。佛法也是一样,无论什么法门,皆能洗除世间一切污秽。"尘劳",代表人心中的烦恼,人在尘世间劳劳碌碌,为了人我、爱欲而劳碌染污,佛法就是要洗去人心的贪染污秽。

"三法、四果、二道不一",众生来到世间,生活在不一样的环境,熏习成不同的个性。为了教导习性不一的众生,佛陀即以大法、小法,依根性不同因材施教。

三法是指暖法、顶法、世第一法。四果是指小乘的须陀洹果、斯陀含果、阿那含果、阿罗汉果。二道是大乘的菩萨道、佛道。因为众生的根性有差别,所以无论是三法、四果、二道等施教方式皆不一。因此佛陀说:"佛法如水,虽然能洗去一切污秽,然而井非池、池非江河,溪渠非海。"

"如来世雄,于法自在;所说诸法,亦复如是。初中后说,皆能洗除众生烦恼;而初非中;而中非后;初中后说,文辞虽一,而义各异。"

因为佛陀来人间并非受业力牵引,而众生皆由前生所造的业因牵引而来,迷昧地来,茫然地去,自己做不了主。佛陀为了度众生,他愿意倒驾慈航、来去自如,所以又称为"如来"。

"世雄"亦指佛陀而言。众生因为精神迷茫而无法推断道理,佛陀则是世间无双的睿智者,勇敢又果断,于佛法中安然自在,没有丝毫的迷惑,所说的法也是一样,只要众生能依教奉行就没有错。

佛陀于一生的说法中,分为三个阶段:初期、中期、后期。众生初入佛门时,是以初机的教法来引导;进入之后开始修行,再以中道来引导;深入之后,再施以大法,这才是最究竟的法。

不论是最初的开示或中期、后期究竟的说法,都是为去除众生烦恼。但是对初机的人,若以中期的道理教导,他无法接受;而中机之人,若教以大法——究竟寂静的法门,他也无法接纳。虽然目标都是要使对方去除烦恼,但是"时"与"机"不相同,程度不一样,教法自然也不相同。

"善男子!我起树王诣波罗奈鹿野园中,为阿若拘邻等五人,转四谛法轮时,亦说'诸法本来空寂,代谢不住,念念生灭'。"

善男子，我在菩提树下觉悟之后，深感众生难度，起了入灭的念头。后来因为天人及菩萨的请求，我才决定先以方便法来教化众生。

佛陀离开菩提树下，首先来到鹿野苑，鹿野苑中有五比丘，阿若拘邻也就是"阿若憍陈如"。

佛陀当初出家是在二月时偷偷离家，他进入苦行林修苦行，他的父王派人要请他回宫，但是他修行的心意已坚，这五人就留下来随侍照顾太子。

他们六人修行时，日子过得很苦，营养不良，仅能勉强维持生命。苦行持续了六年，后来太子觉得苦修的日子依然得不到心灵的解脱，于是放弃苦行的生活方式。人的生理与心理有着连带关系，身体若很衰弱，脑神经也会跟着衰弱，因此无法产生智慧。所以，王子决定放弃苦行，另寻解脱之道。

后来，憍陈如等人看见太子接受牧羊女的供养，以为他们心目中最尊敬的太子已经失去道心，于是五个人愤而离开太子，一起到鹿野苑去修行。太子便独自来到雪山，找到一棵菩提树，树下有一平整的石头。上座之前他发愿道："今日坐上菩提座，如果不成正觉，即使粉身碎骨都不离此座。"

此后，二十一天集中精神来推究教理。这段期间牧羊女继续供养羊乳,他的体力逐渐恢复,思维明彻。在这期间,有一个夜晚——十二月初八,他夜睹明星而彻悟成佛。

佛陀成道后走进鹿野苑,开始为憍陈如等五人转四谛法轮。四谛法即苦、集、灭、道,谛即真理。世间不离"苦",因为我们"集"了种种的苦因,所以才会受苦。

无明一起就会有贪、瞋、痴念,因而造业受报、受苦;苦由集来,集是聚集恶因,当我们明白这个道理后,就要设法灭苦,灭苦的方法就是修行于道。

佛陀三次阐述四谛法,让弟子们更深刻地了解苦、集、灭、道。世间万物的体性本来空寂,但世人不明其体相空寂,往往迷于外相而生执著,乃至产生憎爱而造业招来苦报。

世间的欢喜并非真正的欢喜,愈是欢喜贪爱,结果愈苦。世间五欲没有一种真正欢喜的事情,一切皆是苦的源头。世间的欢喜很可能会带来烦恼,比如:女人一向最喜爱金银珠宝,身上戴满了项链手环。事实上,不论是钻石或其他的宝石,本质都是石头。项链愈戴愈粗,宝石愈戴愈大,心喜之余免不了要炫耀,但是,锋芒太露会引起别人的觊觎,甚至会招来被偷、被抢的后果。一旦被偷被抢,非但伤心痛苦,严重时还会赔上一条性命,所以世间的欢喜,结果往往是"粗重"的烦恼。

又如:丢掉一件不喜欢的东西,心里并不会觉得难过;而喜爱的东西一旦遗失,可就痛苦不堪了,可见愈是喜欢、愈是苦。人生本来就是空,生不带来、死不带去,在往生的那一刻,子孙为亡者穿几件衣服,买副好棺材,甚至为亡者穿金戴银,那也只是"借戴"的。人生,追根究底本来空寂,何必执著呢?

"代谢不住,念念生灭",代谢即循环,我们的身体不停有新的细胞产生,旧的细胞死亡,如此循环不息。生理现象不断地推陈出新,生命则是刹那不断地流逝;每过一天,生命即少掉一天,不断地在生灭,而心念也是一样,念念生灭,不曾止息。

> "中间于此,及以处处,为诸比丘并众菩萨,辩演宣说十二因缘、六波罗密,亦说'诸法本来空寂,代谢不住,念念生灭'。"

佛陀不但为阿若憍陈如等说空寂的教法,离开鹿野苑之后,不论到什么地方,他都为比丘及众菩萨广为弘扬宣说。佛陀成道之后,印度才开始有佛法。印度有多种宗教,当一个新的宗教产生时,必然无法立刻取得民众的信服。因为人都有向上的心念,都希望追求究竟的宗教;新宗教一产生,就会有辩论,胜利者可以守住自己原本信仰的宗教,若是教理不及别人,则要舍弃不究竟的教法。

佛陀成佛之后,也有许多外道学者来和他辩论。佛陀一方面接受辩论,一方面则到处宣扬教理,而主题则不离"十二因缘"及"六波罗密"。

十二因缘:无明缘行,行缘识,识缘名色,名色缘六入,六入缘触,触缘受,受缘爱,爱缘取,取缘有,有缘生,生缘老死。

六波罗密:布施、持戒、忍辱、精进、禅定、智慧,是菩萨的精神,亦即行菩萨道的六种方法。想做菩萨,首先要学布施。布施分为财施、法施、无畏施。财施即物质的施舍,可以解决众生生活方面的痛苦;法施即以自己所了解的佛法来引导众生;无畏施即适时地给予援助,安定众生的心灵。

布施之外还要"精进",有的人常说:"心好就好,何必吃素呢?"我们的心好,一定要以行动来表示。心好就要布施,而布施一定要从宗教理念着手,进入佛门研究佛法,才会了解布施的顺序以及布施的好处。所以,了解佛法后就应该要"精进",还要有研究与"持戒"向上的心,实行佛陀的教理,效法佛陀慈悲护生的精神。

想要精进,首先就要有"忍辱"的精神,好事并不一定容易成就。佛法有一句话:"善门难开,恶门易坠。"想做好事有时也很困难,一般人常说好人难做,对别人好,有时别人非但不领情,反而恩将仇报,因此,很容易退却行善的心。

我们身为佛教徒应该要有忍辱心,做善事并非为了让别人报答,只是尽自己的责任去做助人的事;有这样的心念,就不会计较别人是否懂得回报。能够将做好事、救众生视为自己的责任,就能够忍耐,修行不是简单的事,不论是布施或其他修行的功课,都必须忍耐,遇到逆境时不要退转,一定要勇猛精进。

"禅定"即正定,心若定不下来就无法忍耐,一受到外境的影响即向外奔驰,因此我们一定要定下心来。一个修行的人,如果没有"智慧",也是无法成为菩萨。

佛陀在四十多年中,讲说教法不离开四谛、十二因缘、六波罗密等法门;名称虽不同,却不离开空寂的道理。人生无常,后念推前念,念念不住地生灭不息,所以要以法来自我观照、增长智慧。

"今复于此演说大乘'无量义经',亦说'诸法本来空寂,代谢不住,念念生灭'。善男子!是故初说、中说、今说,文辞是一,而义别异;义异故,众生解异;解异故,得法、得果、得道亦异。"

过去四十多年,一直都讲小乘法,现在将以大乘《无量义经》来开展教法。这部经属大乘教义,文理正确至尊无上,但是仍然不离空寂。不过,过去的空寂是属方便的空寂,现在《无量义经》所说的空寂则是究竟的空寂。

善男子,无论是初说、中说、今说,文辞虽然都一样,但是意义层次却不一样。因为意义不同,所以众生听后的见解就不一样,由于众生的智慧、理解的程度不同,所以了解、开悟、证果也不会相同。

"善男子!初说四谛,为求声闻人,而八亿诸天来下听法,发菩提心。"

善男子,我最初向阿若憍陈如等五人,说四谛法时,尚有八亿天人下来听法。由于智慧的差异,这五人所了解的,只不过是独善其身的小乘见解,但是八亿诸天人却发了菩提心。

"中于处处演说甚深十二因缘,为求辟支佛人,而无量众生发菩提心,或住声闻。次说方等十二部经、摩诃般若、华严海云,演说菩萨历劫修行,而百千比丘、万亿人天、无量众生得须陀洹,斯陀含,得阿那含,得阿罗汉,住辟支佛因缘法中。

"善男子!以是义故,故知说同,而义别异;义异故,众生解异;解异故,得法、得果、得道亦异。

"是故善男子!自我得道,初起说法,至于今日,演说大乘'无量义经'。未曾不说'苦、空、无常、无我,非真非假,非大非小,本来不生,今亦不灭,一相无相'。法相法性,不来不去;而众生四相所迁。"

中期佛陀为求"独觉、缘觉"乘的人说十二因缘法。再来演说大乘方广十二部经,像《般若经》、《华严经》等等,叙述大菩萨历劫修道的过程。因此许多比丘和数以万计的人、天界的天人都得了初果、二果、三果、四果,还有人由辟支佛的十二因缘法而悟道。众生因根性的差异,所以领悟佛法的深浅、得果的层次都不太相同。

佛陀得道之后,从最早的说法,直到演说《无量义经》,都不离"苦、空、无常、无我……"的奥义,万法的相貌和本体原本不来不去,而众生却执假为真,因此受"生、住、异、灭"四相所左右。

"善男子！以是义故，诸佛无有二言，能以一音普应众声；能以一身示百千万亿那由他、无量、无数恒河沙身；一一身中，又示若干百千万亿那由他阿僧祇、恒河沙种种类形；一一形中，又示若干百千万亿那由他阿僧祇、恒河沙形。

"善男子！是则诸佛不可思议甚深境界，非二乘所知，亦非十住菩萨所及；唯佛与佛乃能究了。"

这段经文描述：佛陀的法身可以示现无数的身形；若以另一角度而言，可解释为佛陀将法灌输给他的弟子，弟子们也能够依佛的精神去实行教法，即等于是佛的化身。

我常勉励大家要当"新发意"菩萨，新发意菩萨也就是以菩萨的精神落实于生活中。若能更上一层楼，以佛的精神实行佛的教法，我们的身形也就是佛陀所化的身形，只要我们接纳了佛法，能够代佛弘法，也等于是佛陀的化身。

"一一身中，又示若干百千万亿那由他阿僧祇、恒河沙种种类形"，佛一个人可以教导很多人，每一个人又可以辗转教导很多的人。比如：我将佛陀的精神传达给你们，大家也可以辗转传给别人，如此一传十、十传百，不断地传达下去，就能不断地将佛陀的教法、慧命延续下去。

"善男子,是则诸佛不可思议甚深境界",佛陀的教理奥妙而不可思议,是极为宝贵的法宝,值得一切众生奉行弘扬,流传久远。

"非二乘所知,亦非十住菩萨所及;唯佛与佛乃能究了",佛陀的智慧,所开悟的境界,并非二乘人所能了解。二乘即声闻、缘觉之人,即使到了十住的菩萨,也是无法了知佛陀的智慧境界,唯有佛与佛才能了解。

> "善男子!是故我说微妙甚深无上大乘'无量义经',文理真正,尊无过上;三世诸佛所共守护;无有众魔外道得入;不为一切邪见生死之所坏败。菩萨摩诃萨若欲疾得无上菩提,应当修学如是甚深无上大乘'无量义经'。"

因为佛的境界很高深,智慧未开的众生无法了解、接纳,唯有佛与佛才能完全理解这种甚深的境界。

《无量义经》是三世一切诸佛的本怀,因此是三世诸佛所共同守护的经典。

经文所述的道理纯正无虚、至尊无上,所以众魔外道无法侵入、曲解此经,不被一切邪见及世间生死因缘所败坏。只要了解《无量义经》的法门,我们就能达到空寂的境界,离差别相而无挂碍,心能安然自在,了解生死的来源与去处,心就不会惶恐。

佛菩萨的所做所为皆是为了众生,不会以自我为中心,放下自我,内心则能安然自在。如果想要尽速通往无上的大正道,应当修学如是甚深无上大乘《无量义经》。

佛说是已,于是三千大千世界六种震动,自然空中雨种种华:天优钵罗华、钵昙摩华、拘物头华、分陀利华。

佛陀所说的法是究竟的教义,听法的人不只是道场中的菩萨而已;三千大世界的声闻、菩萨及众生也亲临道场,在道场中听佛说法,了解之后生起欢喜心,浑身舒畅而法喜充满。

人的身体就是一个小乾坤,一个小乾坤代表一个小世界。与会者内心得到佛法的滋润,产生了震动,此为欢喜心。

"六种震动",即六种震动的形态,踊、跃、浮、动、摇、摆。不但与会者心地震动,就连空中也降下种种香花。"天华"象征人们的心性,天优钵罗华称为柔软花,钵昙摩华称为如意花。与会者听佛陀说法之后心花怒放,所开的是"柔软花",原本刚强的个性因为听法而有改变,转刚硬为柔软。

内心不但开了柔软花,也会开如意花,如意花即适应人的心意,我们在接纳佛法之前,世事皆难如意,因为人的心欲大,怎么求都无法满足心愿,所以永远觉得不如意;了解佛法之后,少欲知足,无论何时都会感到心满意足,犹如心中开了如意花。

"拘物头华",即适意,和如意花一样,"分陀利华"和柔软花差不多。听法之后,常常起欢喜心,自然就会开出这四种花。

> 又雨无数种种天香、天衣、天璎珞、天无价宝,于上空中,旋转来下,供养于佛,及诸菩萨、声闻大众。

人格的形成会受到外界环境的熏习。过去在不了解教法时,往往不懂得守护自己的人格;听了佛法之后,会时时刻刻反省自身,注意自己的身份,所做的也会合乎自己的本分,如此自然散发天香般的德香。

一个人如果没有外在的教法熏习,所做所为不合乎人的规矩,必然处处受人厌弃;犹如遇到臭秽之人,人人掩鼻走避。如果能够依循佛法,改变习气,向善的方向去实践,自然会散发香气。

此处的香气并非人间的香气,而是天香,天香最为宝贵,象征人格的高超,这是听法之后,润泽了身心,不但滋润众生的心地,更能塑造优良的人格,这是深入研究《无量义经》所得到的功德。

佛陀一生说法,观机逗教,他的声音能够"一音圆演"不分大小,皆得利益,只是众生的根机不同,所接受的程度也不同。

佛陀为大庄严菩萨解释他所说的教法之后,当时在座的弟子——菩萨、天人、一切众生,听了《无量义经·说法品》之后,大家都法喜充满,非常踊跃,生起"难遭遇"想。众生的心迷茫昏沉,佛陀说的法仿佛是兴奋剂,刺激众生的心地,使我们的心性调和,造就我们的人格。

"天衣、天璎珞、天无价宝",皆是天人供养佛陀及诸菩萨、声闻大众的无价之宝。一般凡夫都有不平等的心,对名望高的人就生起恭敬尊重之心,反之则不然。

我们现在听了《无量义经》,应该了解佛性平等,并以恭敬心待人,因为众生都可以成佛,只要众生依教奉行,证入寂静的心境,脚踏实地行菩萨道,自然就能趋入阿耨多罗三藐三菩提的境界。

以佛号对治杂念

大家念佛尚未真正的深入,若想真正的虔诚深入,必须念得句句分明、一心不乱,不要让杂念生起。有人说:世间凡事都要学,唯有"死"不要学;事实上,佛教徒就是要学"死",也就是念头的死(去除杂念)。

过去有一位老修行人,他不念别的,只念一个"死"字,他向人说法不说别的,就只说一个死而已。有一次他出去参访,来到一个丛林挂单,寺里的知客师见到老修行人来,殷勤地接待,并整理出一间客房供他住。

天亮了,大家共进早餐,这位老修行人没有牙齿,吃起饭来却狼吞虎咽。知客师见了,善意地告诉他:"老参,您慢慢用,别急。"老修行人只答了一句:"吃快了,只是为了死。"

知客师一听心中大惊,心里想:老修行人到寺里,为的竟然是"死",真是麻烦。于是他叫寺里的人多加注意,但是大家只见他念佛念得很虔诚,丝毫没有寻死的迹象。

当晚,老修行人在殿外虔诚的念佛,寺里的人见他不入内休息,他们也不敢休息。当家师父不放心,上前问他:"老参,夜深了为何不早点休息?"他回答:"为了死。"当家师父只好命令寺里的人轮流守着他,否则他要是真去寻死岂不就糟了。当晚到了凌晨一点,他终于就寝休息。

第二天清晨,他又起来念佛,一切行为依然正常。第三天一早,老修行人整装准备离寺了,老方丈上前说道:"老同参,您匆匆忙忙地来,又匆匆忙忙地走,到底有什么心事呢?"他同样回答:"为了死。"

老方丈说:"人身难得、佛法难闻,您怎能只为了一个死呢?"老修行人回答:"就是因为人身难得、佛法难闻,我才必须处处为了死,念念也为了死而精进。"老方丈此时才明白:老同参是为了打死自己的昏杂念头,对任何事情都不再起心动念,所以如此专心用功、虔诚地念佛。

念佛是要洗除内心的垢秽。人生无常,肉体什么时候会死,我们无法预知,妄念若是不死,烦恼就会随着去又跟着来,所以我们要多下功夫、去除杂念。

> 天厨,天钵器,天百味,充满盈溢;天幢、天幡、天橤盖、天妙乐具,处处安置,作天伎乐,歌叹于佛。

天人供佛之外,又供养菩萨、声闻大众。菩萨可以秉持佛的精神来传承佛法,不久将可成佛。声闻大众既然发心修行,也一定可以成佛,而众生皆是未来佛,所以天人以平等心来供养他们。天厨、天百味指丰盛的菜肴,天钵器则是精美的容器与餐具,以精美的餐具盛装丰富的菜肴,以充足的食物来供养。

"天幢"如过去王宫贵族出门时,遮蔽阳光的器具,古丛林用以象征领导,降伏魔众;现在寺庙多作为装饰品。天幰盖即车上的篷子。天妙乐具即装饰品,同时又演奏天乐来庄严道场,歌咏赞叹佛的德行。

> 又复六种震动:东方恒河沙等诸佛世界,亦雨天华、天香、天衣、天璎珞、天无价宝,天厨、天钵器、天百味,天幢、天幡、天幰盖、天妙乐具,作天伎乐,歌叹彼佛,及彼菩萨、声闻大众。

天人以伎乐赞叹佛德,又造成六种震动。我们有时候在咏赞或者念佛,不知不觉会产生欢喜心,念得虔诚时,外能感动其他生灵,内则可以感动自心。

我们拜愿时,念"南无本师释迦牟尼佛",有时内心会有极为悲恸的感受,并非伤心,而是悲叹佛陀离我们那么远,到底何时才能见佛呢?犹如幼子失怙一般。

六种震动是感激佛德的感化,天人的供佛、赞佛,也使东方恒河沙等诸佛世界受到感动。

众生只要有信心，佛自然会有感应，虔诚可以感动他方诸佛，降天华、天香、天衣、天璎珞、天无价宝、天厨天钵器、天百味、天幢、天幡、天幰盖，以天乐妙音，歌叹娑婆世界的佛及菩萨声闻大众。

佛佛相赞，我们的释迦牟尼佛赞叹他方的佛，他方的佛也赞叹娑婆世界的佛，彼此尊重、彼此赞叹。学佛的人也应该如此，要时时赞叹别人，也要自我谦虚、礼让他人。

南西北方、四维上下，亦复如是。

除了东方的佛以外，南、西、北方，四维上下无数的佛，也都来赞叹释迦牟尼佛及诸菩萨声闻大众。

于是众中三万二千菩萨摩诃萨，得无量义三昧；三万四千菩萨摩诃萨得无数无量陀罗尼门；能转一切三世诸佛不退转法轮。

就在他方的诸佛，赞叹娑婆世界的释迦牟尼佛及菩萨声闻大众时，有三万二千位大菩萨，得到了无量义三昧，亦即《无量义经》的精髓。

三昧即"正定"，万法故无量，无量义能生万法。无量义的要领即空寂,空寂即正定。

有三万四千菩萨摩诃萨,得无数无量陀罗尼门。陀罗尼为总持,持一切善法,使一切善增长;遮一切恶,使一切恶不生。陀罗尼是向善断恶的法门,包括佛法的一切大纲。不但能了解陀罗尼门教理,更进一步能推展实行,佛法最重要的是要源远流长,大家彼此辗转流传。

> 其诸比丘、比丘尼、优婆塞、优婆夷、天、龙、夜叉、乾闼婆、阿修罗、迦楼罗、紧那罗、摩睺罗伽,大转轮王、小转轮王、银轮、铁轮、诸转轮王。

比丘、比丘尼是指出家的男众、女众,优婆塞是在家男众,优婆夷是在家女众,同样都能将无量义的精髓辗转相传。

除了佛的四众弟子之外,神龙夜叉等非人,乾闼婆为天界的乐神,阿修罗即六道中瞋心重的众生。迦楼罗、紧那罗、摩睺罗伽,皆为天界司音乐之神。

大转轮王是以佛法来化世之王,小转轮王、银轮、铁轮、诸转轮王,也是以佛法来教化世人之王。

> 国王、王子、国臣、国民、国士、国女、国大长者,

及诸眷属，百千众俱，闻佛如来说是经时，或得"暖法、顶法、世间第一法"、须陀洹果、斯陀含果、阿那含果、阿罗汉果、辟支佛果。

佛说《无量义经》时，国王、王子、国臣、国民，国家有名望的商人、有智识的女人及大长者，眷属等百千大众，皆得到三法四果。

又得菩萨无生法忍、又得一陀罗尼、又得二陀罗尼、又得三陀罗尼、又得四陀罗尼、五六七八九十陀罗尼、又得百千万亿陀罗尼、又得无量无数恒河沙、阿僧祇陀罗尼，皆能随顺，转不退转法轮；无量众生发阿耨多罗三藐三菩提心。

除了可以得小果之外，也可得大果，大果即菩萨的境界。菩萨听了《无量义经》之后，不但可以发大心，又可以得到"忍"的要领。

"无生法忍"也就是离开了人我是非，不畏外在任何环境的考验而如如不动。我们若是时时顾虑自己的身体、怕辛苦，这就是没有忍德；能够忍耐一切的苦，并且克服它，叫做无生法忍。

"**陀罗尼**"是总持一切法的意思,得一、得二总持一切法的门径……乃至得五六七八九十陀罗尼,又得百千万亿陀罗尼,只要一理通则万理彻,推究一项就可以触类旁通。

恒河是印度最大的河流,恒河沙则是很细的沙。我曾到北投去拜访东初老法师,老法师送给我一小罐的恒河沙;恒河沙极细且略带金黄色,一小瓶的沙子我都无法计算了,何况是无量恒河沙阿僧祇的陀罗尼。

"**转法轮**",即教化众生,想要教化众生,有时候也需要恒顺众生,因为众生的执著心重,适度地恒顺众生才能转化、引导众生。而佛陀讲《无量义经》时,有无量众生发了无上菩提心。

十功德品第三

尔时大庄严菩萨摩诃萨,复白佛言:

"世尊!世尊说是微妙甚深无上大乘'无量义经',真实甚深、甚深、甚深。所以者何?于此众中,诸菩萨摩诃萨及诸四众、天、龙、鬼、神、国王、臣民,诸有众生,闻是甚深无上大乘'无量义经',无不获得陀罗尼门、三法、四果、菩提之心。

"当知此经,文理真正,尊无过上,三世诸佛之所守护,无有众魔群道得入,不为一切邪见生死之所坏败。所以者何?一闻能持一切法故。若有众生得闻是经,则为大利。所以者何?若能修行,必得疾成无上菩提;其有众生不得闻者,当知是等为失大利,过无量无边不可思议阿僧祇劫,终不得成无上菩提。所以者何?不知菩提大道直故;行于险径多留难故。

"世尊!是经典者不可思议,唯愿世尊,广为大众慈哀敷演是经甚深不思议事。

"世尊!是经典者,从何所来、去何所至、住何所住,乃有如是无量功德不思议力,令众疾成阿耨多罗三藐三菩提?"

尔时世尊告大庄严菩萨摩诃萨言：

"善哉善哉，善男子！如是如是，如汝所言。善男子！我说是经，甚深甚深，真实甚深。所以者何？令众疾成阿耨多罗三藐三菩提故，一闻能持一切法故，于一切众生大利益故，行大直道无留难故。

"善男子！汝问是经从何所来、去至何所、住何所住者？当善谛听。善男子！是经本从诸佛宫宅中来，去至一切众生发菩提心，住诸菩萨所行之处。

"善男子！是经如是来、如是去、如是住。是故此经能有如是无量功德不思议力，令众疾成阿耨多罗三藐三菩提。善男子！汝宁欲闻是经——复有'十不思议功德力'不？"

大庄严菩萨言："愿乐欲闻。"

佛言：

"善男子！第一：是经能令菩萨未发心者，发菩提心；无慈仁者，起于慈心；好杀戮者，起大悲心；生嫉妒者，起随喜心；有爱著者，起能舍心；诸悭贪者，起布施心;多娇慢者,起持戒心;瞋恚盛者,起忍辱心;生懈怠者,起精进心;诸散乱者,起禅定心;于愚痴者,起智慧心;未能度彼者,起度彼心;行十恶者,起十善心;乐有为者,志无为心;有退心者,作不退心;为有漏者,起无漏心;多烦恼者,起除灭心。善男子!是名是经第一功德不思议力。

"善男子!第二:是经不可思议功德力者——若有众生得是经者,若一转、若一偈,乃至一句,则能通达百千万亿义,无量数劫不能演说所受持法。所以者何?以其是法义无量故。

"善男子!是经譬如从一种子,生百千万;百千万中,一一复生百千万数;如是展转乃至无量。是经典者,亦复如是;从于一法,生百千义;百千义中,一一复生百千万数;如是展转,乃至无量无边之义。是故此经,名'无量义'。

"善男子!是名是经第二功德不思议力。

"善男子!第三:是经不可思议功德力者——若有众

生得闻是经,若一转、若一偈,乃至一句,通达百千万亿义已,虽有烦恼,如无烦恼;出生入死,无怖畏想;于诸众生,生怜愍想;于一切法,得勇健想,如壮力士,能担能持诸有重者;是持经人,亦复如是,能荷无上菩提重担,担负众生,出生死道;未能自度,已能度彼。犹如船师,身婴重病,四体不御,安止此岸;有好坚牢舟船,常办诸度彼者之具,给与而去。

"是持经者,亦复如是。虽婴五道诸有之身,百八重病,常恒相缠,安止无明老死此岸,而有坚牢此大乘经无量义办,能度众生;如说修行者,得度生死。

"善男子!是名是经第三功德不思议力。

"善男子!第四:是经不可思议功德力者——若有众生得闻是经,若一转、若一偈,乃至一句,得勇健想,虽未得自度,而能度他;与诸菩萨,以为眷属;诸佛如来,常向是人,而演说法。是人闻已,悉能受持,随顺不逆;转复为人随宜广说。

"善男子!是人譬如国王夫人新生王子,若一日、若二日,若至七日;若一月、若二月,若至七月;若一岁、若二岁,若至七岁,虽复不能领理国事,已为臣民之所宗敬;诸大王子以为伴侣;王及夫人爱心偏重,常与共语。

"所以者何?以稚小故。

"善男子!是持经者,亦复如是。诸佛国王,是经夫人;和合共生,是菩萨子。若是菩萨,得闻是经,若一句、若一偈;若一转、若二转;若十若百若千若万,若亿万恒河沙、无量无数转,虽复不能体真理极;虽复不能震动三千大千国土、雷震梵音、转大法轮,已为一切四众、八部之所宗仰,诸大菩萨以为眷属,深入诸佛秘密之法,所可演说无违无失,常为诸佛之所护念。慈爱偏覆,以新学故。

"善男子!是名是经第四功德不思议力。

"善男子!第五:是经不可思议功德力者——若善男子、善女人,若佛在世,若灭度后,其有受持、读诵、书写如是甚深无上大乘'无量义经',是人虽复具缚烦恼,未能远离诸凡夫事,而能示现大菩提道,延于一日以为百劫,百劫亦能促为一日,令彼众生欢喜信伏。善男子!是善男子、善女人,譬如龙子,始生七日,即能兴云,亦能降雨。

"善男子!是名是经第五功德不思议力。

"善男子!第六:是经不可思议功德力者——若善男子、善女人,若佛在世,若灭度后,受持、读诵是经典者,虽具烦恼而为众生说法,令远离烦恼生死,断一切苦;众生闻已,修行得法、得果、得道,与佛如来,等无差别。譬如王子,虽复稚小,若王游巡,又以疾病,委是王子领理国事;王子是时依大王命,如法教令群寮百官,宣流正化;国土人民,各随其安;如大王治,等无有异。持经善男子、善女人亦复如是。若佛在世,若灭度后,是善男子,虽未得住初不动地,依佛如是所用说教,而敷演之,众生闻已,一心修行,断除烦恼,得法得果,乃至得道。

"善男子!是名是经第六功德不思议力。

"善男子!第七:是经不可思议功德力者——若善男子、善女人,于佛在世,若灭度后,得闻是经,欢喜信乐,生希有心;受持、读诵、书写、解说,如法修行,发菩提心,起诸善根,兴大悲意,欲度一切苦恼众生,虽未修行六波罗密,六波罗密自然在前,即于是身,得无生忍;生死烦恼,一时断坏,即升第七地与大菩萨位。譬如健人,为王除怨,怨既灭已,王大欢喜,赏赐半国之封,悉以与之。持经男子、女人,亦复如是;于诸行人最为勇健;六度法宝,不求自至;生死怨敌,自然散坏,证无生忍。半佛国宝,封赏安乐。

"善男子!是名是经第七功德不思议力。

"善男子!第八:是经不可思议功德力者——若善男子、善女人,于佛在世,若灭度后,有人能得是经典者,敬信如视佛身,令等无异;爱乐是经,受持、读诵、书写、顶戴,如法奉行,坚固戒忍,兼行檀度,深发慈悲,以此无上大乘'无量义经',广为人说,若人先来都不信有罪福者,以是经示之,设种种方便强化令信,以经威力故,令其人心,欻然得回;信心既发,勇猛精进故,能得是经威德势力,得道得果。是故善男子、善女人,即于是身,得无生法忍,得至上地,与诸菩萨以为眷属,速能成就众生,净佛国土,不久得成无上菩提。

"善男子！是名是经第八功德不思议力。

"善男子！第九:是经不可思议功德力者——若善男子、善女人,若佛在世,若灭度后,有得是经,欢喜踊跃,得未曾有;受持、读诵、书写、供养,广为众人分别解说是经义者,即得宿业、余罪、重障一时灭尽,便得清净,逮得大辩,次第庄严诸波罗密,获诸三昧、首楞严三昧。入大总持门,得勤精进力,速越上地,善能分身散体,遍十方国土,拨济一切二十五有极苦众生,悉令解脱;是故是经有如此力。

"善男子！是名是经第九功德不思议力。

"善男子！第十:是经不可思议功德力者——若善男子、善女人,若佛在世,及灭度后,若得是经,发大欢喜,生希有心,即自受持、读诵、书写、供养,如说修行,复能广劝在家、出家人受持、读诵、书写、供养、解说,如法修行;既令余人修行,是经力故,得道得果;皆由是善男子、善女人慈心勤化力故。是善男子、善女人即于是身,便逮无量诸陀罗尼门,于凡夫地自然初时能发无数阿僧祇弘誓大愿,深能发救一切众生,成就大悲,广能拔苦,厚集善根,饶益一切,而演法泽,洪润枯涸,以此法药,施诸众生,安乐一切,渐见超登,住法云地,恩泽普润,慈被无外,摄苦众生,令入道迹。是故此人不久得成阿耨多罗三藐三菩提。

"善男子!是名是经第十功德不思议力。

"善男子!如是无上大乘'无量义经',极有大威神之力,尊无过上,能令诸凡夫皆成圣果,永离生死,皆得自在;是故此经名'无量义'也。能令一切众生,于凡夫地,生起诸菩萨无量道芽,令功德树郁茂、扶疏增长。是故此经号'十不可思议功德力'也。"

于是大庄严菩萨摩诃萨,及八万菩萨摩诃萨,同声白佛言:"世尊!佛所说甚深微妙无上大乘'无量义经',文理真正,尊无过上,三世诸佛所共守护,无有众魔群道得入,不为一切邪见生死之所坏败,是故此经乃有如是十种功德不思议力,大饶益无量一切众生,令一切诸菩萨摩诃萨各得无量义三昧,或得百千陀罗尼门,或令得菩萨诸地、诸忍,或得缘觉、罗汉、四道果证。

"世尊慈愍,快为我说如是法,令我大获法利。甚为奇特,未曾有也。世尊慈恩实难可报!"

尔时三千大千世界,六种震动,于上空中,复雨种种华:天优钵罗华、钵昙摩华、拘物头华、分陀利华,又雨无数种种天香、天衣、天璎珞、天无价宝,于上空中,旋转来下,供养于佛,及诸菩萨、声闻大众;天厨、天钵器、天百味,充满盈溢,见色闻香,自然饱足;天幢、天幡、天轩盖、天妙乐具,处处安置,作天伎乐,歌叹于佛。

又复六种震动,东方恒河沙等诸佛世界,亦雨天华、天香、天衣、天璎珞、天无价宝,天厨、天钵器、天百味,见色闻香,自然饱足;天幢、天幡、天轩盖、天妙乐具,作天伎乐,歌叹波佛,及诸菩萨、声闻大众;南西北方,四维上下,亦复如是。

尔时佛告大庄严菩萨摩诃萨及八万菩萨摩诃萨言:

"汝等当于此经,应深起敬心,如法修行,广化一切,勤心流布,常当慇懃,昼夜守护,普令众生,各获法利;汝等真是大慈大悲,以立神通愿力,守护是经,勿使疑滞,于当来世,必令广行阎浮提,令一切众生,使得见闻、读诵、书写、供养;以是之故,亦令汝等速得阿耨多罗三藐三菩提。"

是时大庄严菩萨摩诃萨,与八万菩萨摩诃萨,即从坐起,来诣佛所,头面礼足,绕百千匝,即前胡跪,俱共同声白佛言:

"世尊!我等快蒙世尊慈愍,为我等说是甚深微妙无上大乘'无量义经',敬受佛敕,于如来灭后,当广令流布是经典者,普令一切受持、读诵、书写、供养。唯愿世尊,勿垂忧虑,我等当以愿力,普令一切众生,使得见闻、读诵、书写、供养,得是经法威神之力。"

尔时佛赞言:

"善哉善哉!诸善男子!汝等今者,真是佛子、大慈大悲、深能拔苦救厄者!一切众生之良福田,广为一切众生作大良导师,一切众生之大依止处,一切众生之大施主,常以法利广施一切。"

尔时大会皆大欢喜,为佛作礼,受持而去。

尔时大庄严菩萨摩诃萨,复白佛言:"世尊!世尊说是微妙甚深无上大乘'无量义经',真实甚深、甚深、甚深。所以者何?于此众中,诸菩萨摩诃萨及诸四众,天、龙、鬼、神、国王、臣民,诸有众生,闻是甚深无上大乘'无量义经',无不获得陀罗尼门、三法、四果、菩提之心。当知此经,文理真正,尊无过上,三世诸佛之所守护,无有众魔群道得入,不为一切邪见生死之所坏败。"

说法品之后,大庄严菩萨见众生欢喜踊跃的形态,以及感动了十方诸佛赞叹的境界。一切众生听《无量义经》后法喜充满、得到利益,大庄严菩萨深感欢喜与难得,所以更进一步禀告佛陀。

世尊所说微细奥妙的无上大乘《无量义经》,确实是无上大法,文义甚深。在此听无量义法门者,没有一个不获得总持一切法的陀罗尼门。皆能得到三法,也就是暖法、顶法、世第一法。四果即须陀洹果、斯陀含果、阿那含果、阿罗汉果,并且发了菩提心。

大家当知此经是过去、现在、未来诸佛所共同守护弘扬的经典。每一尊佛示现在世间,皆为了弘扬法华部的道理,而《无量义经》是《法华经》的前导。

我们若能对无量义法门透彻了解,自然能将生死置之度外;不为生死而执著,自然可以发出勇猛的精神,坚定信念,不被一切邪见及世间生死无常所破坏、影响。

> "所以者何？一闻能持一切法故。若有众生得闻是经,则为大利。所以者何？若能修行,必得疾成无上菩提。"

为何会如此呢？因为众生听到《无量义经》的教理而能运作一切法,所以众生听到这部经,就可以得到大利益。若能够实行菩萨的精神,自然可以通达无上大觉道,达到等觉、妙觉的境界,可以速超十地,证得佛果。

> "其有众生不得闻者,当知是等为失大利,过无量无边不可思议阿僧祇劫,终不得成无上菩提。所以者何？不知菩提大道直故;行于险径多留难故。"

如果没有听到法华部的无量义教理,就很难了解人生的真谛,非但不能自利,更无法利他,既失大利,若想再得机会可就难上加难。佛法在世间,学习的因缘与机会难遇,错失了机会即难再得。

《法华经》有一段譬喻:妙庄严王有两个王子,一名净藏,一名净眼,这两位王子信仰佛法。但是,他们的父亲则是信仰外道教的信徒,无法了解佛法的正理。

妙庄严王之妻——净德夫人是一贤惠妇女,她和儿子皆信仰佛法。净德夫人欲度妙庄严王,于是要二位儿子现神通去度父亲;二位王子即现神足通度化父亲,国王受了感化之后,开始信仰佛法。

当时,他的两个儿子就请求父母让他们随佛出家。他们告诉父母,要是听到佛法,不立即发信仰心、舍弃世欲专心修学净法,机会一旦失去将很难再有闻法的因缘。

正如在汪洋大海之中,有一块朽木,朽木上有一孔,一只乌龟游过来,头正巧伸出朽木孔中,这是多么不容易呀!佛法真是可遇而不可求,若是失去了机会,经过无量无边不可思议阿僧祇劫,都无法得到菩提大道。

我们如果没有深入法华部,并不知道这是宽敞平坦的菩提大道。佛法本来单纯,只因为众生的根机无法接纳,所以佛陀必须为我们开示无数无量的法门。一直到法华会上,我们才明了,佛法原来是很单纯的道理,学佛其实是可以很直接地趋向佛道。

众生往往放着平坦的大道不走,却喜欢走羊肠小道;

一如信不过佛陀所教的大法,而追求小乘法,如果路径不熟就会十分危险。

"世尊!是经典者不可思议,唯愿世尊,广为大众慈哀敷演是经甚深不思议事。"

世尊,法华教义不可思议,可以使人得到无上菩提的大利益,功德不可思议。唯愿世尊,详细地为大众开示,传布弘扬经中深奥、不可思议的功德。

"世尊!是经典者,从何所来、去何所至、住何所住,乃有如是无量功德不思议力,令众疾成阿耨多罗三藐三菩提?"

世尊,这部经典的出发点是从何处开始?对众生有何助益?该在何处弘扬?为何佛陀赞此经有如此不可思议的功德力,可以令众生通达无上正等正觉的菩提大道?

尔时世尊告大庄严菩萨摩诃萨言:"善哉善哉,善男子!如是如是,如汝所言。善男子!我说是经,甚深甚深,真实甚深。所以者何?令众疾成阿耨多罗三藐三菩提故。"

那时世尊告诉大庄严菩萨：好啊！好啊！善男子。因为大庄严菩萨所问的法，完全适合佛陀弘法教化的心意，所以，令佛陀感到欢喜。善男子，确实如此，你问得很恰当，就如你所说的，我所说之《无量义经》确实甚深、甚深。为什么呢？因为此经能令众生直达无上正等正觉之菩提大道。

佛陀提到过去所说的是方便法门，如今传布弘扬《无量义经》，是要引导一切众生皆达到阿耨多罗三藐三菩提的境界，一个也不放弃，这是佛陀的平等教法。在大家智识未开之前，他不说真正大法，直到将众生的智识，提升到听得懂时，他才开始演说大法，弘扬甚深的经典。

"一闻能持一切法故，于一切众生大利益故，行大直道无留难故。"

现在大家的智识皆已成熟，听到这部经典，一定可以去实行教法。这些修学的菩萨不但自己获利，更可以利益他人，此为大利益。法华部注重平等、弘传的精神——一个人可以引导很多人，辗转相教。

如果能够"自利利他"就是行大直道、菩萨道,我们在人生道上,最重要的是要结善缘。大家如果有慷慨、布施助人的精神,在世间绝对不会孤单,坦坦荡荡地行在大直道上,处处受人欢迎。

> "善男子!汝问是经从何所来、去至何所、住何所住者?当善谛听。善男子!是经本从诸佛宫宅中来,去至一切众生发菩提心,住诸菩萨所行之处。善男子!是经如是来、如是去、如是住。是故此经能有如是无量功德不思议力,令众疾成阿耨多罗三藐三菩提。"

善男子,你问此经的出发点为何?要在何处弘扬?要停在何处利益众生?此三项都非常的重要,你现在要仔细地听。

善男子,这部经是由佛的宫宅中来,"宫宅"即佛心。法华部乃佛的本意,佛陀出生在人间,为的就是要在人间弘扬菩萨道的精神,法华部是从佛陀的本怀所流露出来的真理。这部经启发众生的菩提心,并且可以实行菩萨的教法,可以教导初发心菩萨永远地躬行实践。

《无量义经》是传述佛的本怀,我现在只是将佛陀所说过的,讲给你们听。大家若能将佛陀的教法放在心上,就可以行菩萨道。若只流过心中,却不能放在心上,就只停留在"知道"而已;我们如果能真切地用心力行,当下就是人间菩萨。

"是故此经能有如是无量功德不可思议力,令众疾成阿耨多罗三藐三菩提",因此,这部经的功德是一般人所难以思议的,可以令众生通达无上正等正觉的境界。

"善男子!汝宁欲闻是经——复有'十不思议功德力'不?"大庄严菩萨言:"愿乐欲闻。"

善男子,此经有十种不可思议功德之力。大庄严菩萨,你愿意听闻吗?大庄严菩萨回答:我很乐意听闻。

佛言:"善男子!第一:是经能令菩萨未发心者,发菩提心;无慈仁者,起于慈心;好杀戮者,起大悲心;生嫉妒者,起随喜心;有爱著者,起能舍心;诸悭贪者,起布施心;多骄慢者,起持戒心;瞋恚盛者,起忍辱心;生懈怠者,起精进心;诸散乱者,起禅定心;于愚痴者,起智慧心;未能度彼者,起度彼心;行十恶者,起十善心;乐有为者,志无为心;有退心者,作不退心；为有漏者，起无漏心；多烦恼者，起除灭心。善男子！是名是经第一功德不思议力。"

佛陀说，善男子，第一：此经能使可以发大心、以前却没有机会听闻的人，发出菩提心。也就是本来心地善良却不懂得教理的人，听了这部经典之后，就可以发出菩提心、求法向上。

没有仁慈心的人，在听经了解之后，也能生起爱护众生的心，行菩萨道；更体会到众生平等，人人皆有成佛的可能。

好杀戮即没有慈悲心，万恶由杀起，慈悲应由爱护生灵做起。佛教的五戒，第一戒即不杀生，这并非只限于有生命的动物；佛教徒慈悲的心念，应该要做到十分的微细，凡事都要将心比心。

佛言："蠢动含灵皆有佛性。"凡是有生命的东西，即使小如蝼蚁，也是贪生怕死。六道轮回，除了人之外，还有旁生道，以及万种类型、难以细数的生灵。

既然旁生道存在于六道之中，也许是我们过去生的父母或者今生的恩爱眷属往生后，已轮回至旁生道也说不定；因此，杀生很可能会伤害到我们至亲至爱的人。

有位女居士开始要吃长素，我问她为什么？她说她来听经之后,回家做了一个梦,梦见自己要杀鸡,刀子即将割下去时,出现的却是她侄女的脖子。六道轮回真的很可怕,有时候杀鸡都会杀到自己的亲人。从那个时候开始,她就吃素了;这是因为她有智慧与善根,而听经的因缘启发了她的善念。

有的人智慧不开、缺少善根,不但对做梦的情景不相信,即使是亲身经历也不为所动。他认为生而为人,就可以吃尽天下万物,这是颠倒迷茫的众生。

人心多变猛于虎

有的人说猛虎可怕、蟒蛇恐怖,事实上真正可怕的是人类。过去孔子周游列国时,有一次路过人迹罕至的山中,山上住着一对老夫妻。孔子问道:"住在偏僻的地方,生活不是很不方便吗?更何况山中常有猛虎出现,你们为何不住到人多热闹的城市呢?"

老夫妻回答:"猛虎易防,人心难测啊!猛虎出现的时候,我们只要将门窗关好即可无恙,但是人心险恶,什么时候要害人,我们却无法预料。"

报纸曾刊载,丰原地区有一对夫妻,育有四个子女。俗云:"一夜夫妻百世恩。"然而这位先生却爱上了有夫之妇,妻子知道后,苦口婆心地规劝丈夫,丈夫非但不听,还出手打她。

有一天,先生一出门,太太就开始尾随,想要找到证据。她等到先生进入有夫之妇的房间,便进去抓奸。丈夫非但不觉得惭愧,反而恼羞成怒,在别的女人面前,把妻子打得遍体鳞伤。

妻子无奈地回家了,没想到先生还不放过她,又追回家把她痛打一顿,之后就出门去了。这位太太想到,辛辛苦苦为他生育抚养了四个儿女,先生做错事却对她拳打脚踢,心灰意冷之余,决定回到南投的娘家。

在娘家住了两天,又想到家中的孩子尚年幼,同时清明节也即将来临,于是又急着赶回家,在回家之前,还先到公婆住的水里去为夫家的祖先扫墓。

回到家,发现丈夫已经两天都没有回来。悲愤之余,她开始借酒浇愁,不料当天夜里突然发烧,痛苦得大声呻吟。邻居们见状,立刻将她送到医院,并且照顾她。

第二天情况十分危急,立刻转往大医院,但是医生一时之间也查不出病因。这位太太见邻居们热心地照顾她,于是就把先生外遇、殴打她,以及婚后未能过几天好日子的心酸,一一向邻居透露,当晚她就在医院里往生了。

在她住院的第二天,她的先生曾经回家。邻居们告诉他太太住院了,他还怀疑地说:"哪有这么严重?还要去住院?"直到妻子死了,他才去为她收埋。邻居们实在是看不过去,于是有人向媒体披露这件事。

人心真的很多变,夫妻之间朝夕相处,也生育了四个子女,但是心意的转变仍无法预测,一直到妻子临终之前,先生都无法拿出良心来相待,可见有时人心实在是比猛虎还要难测可怕。

杀心重的人即无仁慈心,我们如果能爱护动物,一定也会爱人类。有人说:"心好就好了,何必吃素呢?"前天遇到一位青年,他的太太产后坐月子,我问他:"太太能吃麻油了吗?"他说:"现在为了新鲜,每天都吃一只鸡,因为隔夜的肉,就好像是腌过的尸体一样。"其实,以佛教徒的心态而言,吃畜生的肉和吃人肉并没有多大的差别。

佛教徒为了长养慈悲心,不忍心吃众生肉,持斋茹素的人也不食葱蒜,避免五辛等刺激性之类食物,可使脾气趋于温和,也较不易有高血压的情形,因此茹素不但可以培养慈悲心,同时身体也会比较健康。

以智导情度众生

"生嫉妒者,起随喜心",嫉妒心重的人,常常嫉贤妒能见不得别人好。佛教云：随喜即功德。当别人行善时，我们虽然无法参与，但是若能赞叹欢喜，这就有功德，同时也可以去除嫉妒的毛病。

"有爱著者，起能舍心"，"爱著"即悭贪、欲念心重，一切只知道要占为己有，不肯施舍。学佛闻法之后，可以逐渐了解道理、少欲知足，更能视一切众生的苦乐如自己的苦乐，进而起随喜施舍心。

"诸悭贪者，起布施心"，悭贪是将喜爱之物据为己有，即使不是属于自己的东西，都想要强行占有。若是了解无量义法门，不但不会向外贪取，更能够欢喜布施。

"多娇慢者，起持戒心"，娇慢包括我慢、卑劣慢，这些都是放纵的心，因为聪明而自高我慢。其实，世间学无止境，我们一定要有虚心求知的态度，千万不要有傲慢自大的心。

"我慢"是自以为聪明，所以骄傲自满，"卑劣慢"是觉得自己虽事事不及别人，但也不必向别人请教、学习。佛教徒应该要多多亲近善知识，才能步步精进，否则将失去很多学习的机会。

持戒，可以调伏我们的娇慢心，可预防慢心的奔驰。因为慢心容易使人放纵、障碍向上的精进心，所以在了解《无量义经》之后，就能持戒来防止慢心。

"瞋恚盛者,起忍辱心",瞋是发脾气,恚是心理上有毛病。脾气暴躁的人,学习无量义法门后,自然能明白忍辱的妙用,因为无量义是教菩萨法,既然想要做一个菩萨,一定要具足忍辱心。暴躁的脾气无法引度众生,唯有学习温柔忍辱才能自度,进而度化众生。

"生懈怠者,起精进心",懈怠即懒惰放逸,不知向上努力,不懂得人生的可贵,这种人一接触到无量义的教理,也会产生精进心。

"诸散乱者,起禅定心",散乱心是心时时向外奔驰,又称为"掉举",常常魂不守舍,杂念很多。一旦进入无量义法门之后,了解一切法皆空寂,便能心无杂念,放下烦恼。

"于愚痴者,起智慧心",愚痴即不明事理,一个愚痴无知的人,若时常熏习菩萨的教法,日久自然就能产生智慧。

"未能度彼者,起度彼心",这是摩诃般若波罗密。摩诃是大,般若是智慧,六波罗密即智慧,还包含了前五项:布施、持戒、忍辱、精进、禅定。

"度彼",即度过彼岸。"波罗密"即彼岸度,又称度彼岸。法华部完全是在提倡六度,因此无论是心恶、悭贪或瞋恚、懈怠、心散乱者,一旦了解无量义法门,自然可以修学布施、持戒、忍辱、精进、禅定、般若等六种方法,能够实行这六度,就可以度过生死,到达安乐的彼岸。

去十恶行十善

"行十恶者,起十善心",心三恶、口四恶、身三恶为十恶。身有杀、盗、淫三恶,杀为万恶之源,切莫造了"杀"业。凡是强取不属于自己的东西就是偷盗。"淫",在家人戒邪淫,出家人则要完全断淫。邪淫是指先生在外面有不规矩的行为,或者太太有不守妇道的行为。

口有四种恶业,"恶口"是开口就要骂人,我们对待任何人,都应该慈言爱语,千万不要有恶口的坏习惯。"两舌"就是搬弄是非。"绮语"即甜言蜜语、心口不一,所说的话与所想的相违背。"妄言"即说谎言,我们开口动舌都要十分注意,言而无信将会失去人格,因此绝对不说不实在的话。

心有贪、瞋、痴三种毛病,只要进入无量义法门,非但可以戒除十恶业,更进一步能行十善。身不但不杀,还会积极去救一切众生,即使是鸟、鱼等生灵也不忍去伤害,还能积极地放生、护生,这是十善的开始。

此外,更会积极地去布施,守持身的清净;还能劝人和睦,以佛法的柔软善法来劝慰众生。

发大心的修行者不但不贪,并且能做到"头目脑髓"皆施人的大布施;不但不瞋,更能进一步行忍辱行;非但能去除愚痴,更能深一层地追求教理,广行十善。

"乐有为者,志无为心",乐有为者,是平日努力行十善、有仁慈心的人,我们要更进一步,鼓励他乐无为之心。"无为"是指出世法,不但能学习完美的人格,更进一步学习菩萨不执著、无所求的精神。

"有退心者,作不退心",心志不定的人,了解经义后,可以使他坚定道心,向上精进。

"为有漏者,起无漏心",漏即烦恼,烦恼重的人,所学的善法很难留于心中。无量义的教法,从佛心流到我的心,现在我将佛的精神再传到你们心里。不知道大家心中的法是否有漏掉?若是我所说的法,大家不放在心上,无法去实行,这就是"有漏"。

"多烦恼者,起除灭心",烦恼多的人,只要潜心研究、深入无量义法门,就可以去除执著,灭除烦恼。"善男子,是名是经第一功德不思议力",善男子,因为《无量义经》有这些利益,所以称为第一项不可思议的功德力量。

"善男子!第二:是经不可思议功德力者——若

有众生得是经者,若一转、若一偈,乃至一句,则能通达百千万亿义,无量数劫不能演说所受持法。所以者何?以其是法义无量故。

"善男子!是经譬如从一种子,生百千万;百千万中,一一复生百千万数;如是展转乃至无量。是经典者,亦复如是;从于一法,生百千义;百千义中,一一复生百千万数;如是展转,乃至无量无边之义。是故此经,名'无量义'。

"善男子!是名是经第二功德不思议力。"

善男子,若有人听闻受持无量义法门,然后能够为人演说这部经一次,或者演说一偈,四句为一偈,甚至只演说一句,即能逐渐通达百千万亿的义理。纵然无量无数劫演说所受持的方法,也演说不尽,因为这部经含有无量的法义。

善男子,此经的奥妙犹如种子辗转相生,由一颗种子生百千万颗;百千万中,一一再生百千万颗,生生不息,所以辗转至无量无边,因此这部经号称无量义。善男子,这是本经第二项不可思议的功德力量。

"善男子!第三:是经不可思议功德力者——若

有众生得闻是经,若一转、若一偈,乃至一句,通达百千万亿义已,虽有烦恼,如无烦恼;出生入死,无怖畏想;于诸众生,生怜愍想;于一切法,得勇健想,如壮力士,能担能持诸有重者;是持经人,亦复如是,能荷无上菩提重担,担负众生,出生死道;未能自度,已能度彼。犹如船师,身婴重病,四体不御,安止此岸;有好坚牢舟船,常辨诸度彼者之具,给与而去。是持经者,亦复如是。虽婴五道诸有之身,百八重病,常恒相缠,安止无明老死此岸,而有坚牢此大乘经无量义办,能度众生;如说修行者,得度生死。

"善男子,是名是经第三功德不思议力。"

善男子,若有众生听闻本经,又尽其所能为人演说,即可通达百千万亿佛法的精神。"烦恼"即身心的杂念,贪、瞋、痴等。人一有烦恼就无法得到心灵的轻安;身心不得轻安,在生死道上,就会感到惶恐与畏惧。

修行人视生死为大事,所以我们更应该要把握时间尽量多听闻佛法,脚踏实地落实于生活中;还要用心了解何谓真正的修行,才能确实得到真正的法益。若是稍感疲倦就要休息,唯恐身体过度疲劳,于生死道上没有精进心,将会失去大利益。

"于诸众生,生怜愍想",菩萨是觉有情,有情就有烦恼,菩萨有烦恼,更何况是凡夫。然而,虽然有烦恼杂念,只要了解佛的根本精神,自然就能依法而行、去除烦恼,在生死道中起勇猛心,自然就无怖畏想。

我们一定要培养平等慈悲的心。佛陀曾说,除了爱自己的家人以外,也应该普爱其他众生。然而,凡夫总难免会有人我是非的烦恼;我们学佛就是要了解,除了自己的小家庭之外,还有一个息息相关的大家庭。

世间一切众生都是我们的眷属,周围的人如果发生困难,我们应该生起怜愍心,视别人的病苦、困难如自己眷属的苦;视眷属的苦为自身的苦,要有无缘大慈、同体大悲的菩萨胸怀。

"于一切法,得勇健想",法有世间法及出世间法;世间法即做人的道理,不出仁、义、礼、智、信五常。"仁"即儒家所说的仁德,佛家所说的慈悲。"义"即佛教所说的不盗,进一步还要积极地布施。"礼"即戒,遵循人伦礼节。"智"佛教称为慧。"信"即不妄言、不绮语。

菩提重担行难行

我们除了力行世间善法,对出世法也要起勇猛精进心。既然已了解道理,就要勇敢地推行善法,虽然"善门难开",想要推行一件好事并不容易,但仍要精进不懈。

回想我们为贫病而办义诊时,也常碰到人事的层层困难,但是如果放弃义诊,贫病的人岂不是太可怜了?一开始要做善事就遇到阻碍,如果我们心生惶恐,难免就会退失道心。所以方向既定,无论做任何事情都不要怯懦,这便是"于一切法,得勇健想"。

"如壮力士,能担能持诸有重者",在世间,要行一切善事,如果没有坚定的毅力,绝对无法成功;要如同壮士般的勇猛精进,肩负重任去推行善法。

"是持经人,亦复如是,能荷无上菩提重担,担负众生,出生死道",能受持此经的人也应该如此,能够看出世间的一切本来就是难行的,但是,难行能行才是菩萨道,要任劳任怨地向前迈进。

佛陀救度众生,所遇到的困难比我们更多,但是佛陀却能一一克服难关。比较之下,我们更要拿出勇猛的精神,克服一切的阻碍。身为佛弟子都有担负如来家业的责任,非但要替佛陀弘扬救度众生的教法,更要脚踏实地,以身作则做救度众生的志业,此为"菩提重担"。

佛道的重担虽然无形,用眼睛看不到,但是,的确非常的沉重。世俗有形的物品,我们可以靠身体的力量来举起,一个人如果提不动,可以找更多人同心协力来分担。但是,菩提重担却是肉眼看不到的重责大任,必须担负起众生的教化责任。

有人说:"师父,像您们真好,出家人最清闲,我们被家业压得喘不过气来了。"事实上,居士所负担的不过是一个家庭的担子而已,出家人的重担则是普天之下的众生。

众生有多少,出家人的责任就有多少,地藏菩萨为了实践大悲愿行,不忍众生受苦受难,因而发愿道:"地狱未空,誓不成佛;众生度尽,方证菩提。"菩萨往返于六道之中,要等到度尽众生、地狱空时,他才愿意成佛。

佛陀救度众生也曾发愿:"我不入地狱,谁入地狱?"地狱的众生这么可怜,我不到地狱去救度,又有谁愿意去呢?世间唯有佛菩萨愿代众生受一切苦,而我们学佛,就应该提起信心毅力,担负救护众生的责任。

观世音菩萨闻声救苦,他一听到世人叫苦的声音,就不辞辛苦地来到世间救度众生。观世音菩萨是过去的古佛——正法明如来,现在示现在西方极乐世界,为"补处"的菩萨;在久远的未来,将继阿弥陀佛之后接续教导众生之责。

观世音菩萨过去已经成佛,现在为了帮助释迦牟尼佛,他倒驾慈航来娑婆世界,时时心系众生。众生平日不听佛菩萨的教诲,但是一遇到灾难,却又开始求观世音菩萨来救度。有一句话"无事不登三宝殿",佛法僧即为三宝,众生若有所祈求,三宝殿就会十分热闹。每年考期一到,许多父母就会到寺庙去祈求子女能金榜题名。

众生平日不肯亲近菩萨,只有在遭受苦难或者有所求时才肯去祈求,然而,菩萨并不因此而遗弃众生,他时时刻刻都在闻声救苦。菩萨是不请之师,不必众生祈请,他也时时在关照众生,只要众生需要,他就会立刻应机去救度。观世音菩萨在娑婆世界,处处应化救度众生,需要以男人的身形来救度,他就变化为男人身;需要以女人身来救度,他就以女人身来应化人间。

为了要弘扬佛法,担负起教化众生的重担,所以菩萨必须往返于娑婆世界。出家人也是如此,肩上所荷负的责任,比在家居士重得多,因为他们必须担负众生出生死道,要使一切众生能够得度、离开生死六道。佛教的根本精神,是要教导众生断恶修善,兼善天下,得到真正的安稳快乐。

断恶修善造福因

佛教不是迷信,也不是开保险公司。有的人生意做不好，身体不健康，就怪佛菩萨没有保佑。其实，佛教的根本精神是要教我们不要造恶业，要修善法、净业，才不会再来受生、老、病、死等苦。

有的神坛常说观世音菩萨附身，或者以乩童写沙盘，说是释迦牟尼佛降临。我相信佛菩萨并不需要藉此来迷惑众生，因为佛陀讲述《四十二章经》时，曾阻止佛弟子显异惑众，绝对不能以神通来迷惑众生，即使真正有神通，知道过去未来，也不可以轻易显露，以免扰乱人心。

我们学佛为的是要学习佛的精神，劝导一切众生断恶修善，更进一步修出世法，这样才是真正的担负众生。

"未能自度，已能度彼"，我们身为凡夫，自己尚无法了脱生死、未能自度。但菩萨的精神要上求佛道、下化众生，我们虽然尚在学习，不过，为了把握时间实行佛的教义，仍要随机度人。

"犹如船师，身婴重病，四体不御，安止此岸；有好坚牢舟船，常辨诸度彼者之具，给与而去"，船犹如佛法，是智慧、修行的工具。"船师"则指初学佛法、诵读《无量义经》者，一个初学者必定要依靠佛法，好比掌舵舟船的人，渡河过海皆需依靠船只。船师有病比喻新发意菩萨学习得不够，烦恼犹未尽除，虽烦恼未除，仍然可以努力地上求佛法，同时尽心地下化众生。

众生虽然有烦恼、惶恐,不过在深入佛法之后,可以依靠佛法净化心地、教导他人。就如一个身有重病的船师,身心尚未康复前,若能准备好渡河的器具,非但能自度,并且也能度他人。佛法就如一艘船,也是我们修行的器具,能够将众生由苦恼的此岸,载运到极乐的彼岸。

"是持经者,亦复如是,虽婴五道诸有之身,百八重病,常恒相缠,安止无明老死此岸,而有坚牢此大乘经无量义办,能度众生;如说修行者,得度生死",婴即缠绊,"五道"即天、人、地狱、饿鬼、畜生,阿修罗则分布在五道之中。众生常常在五道之中无法脱离,不论在任何一道都有身躯,有了身形就常会有许多疾病,这"百八重病"代表一百零八种烦恼和心结,常常不间断地来缠缚。

世间无常,有着种种的险恶,唯有佛法是我们永远能够依靠的。而《无量义经》是佛陀的根本大教,也是坚固可靠的法门。

大乘,乘是运载,引申为大车子——可以运载无数众生由此岸到彼岸。每当我搭乘火车,看到一列火车可以运载那么多乘客,我就想到:学佛也应该如此,不要只顾自己,应该要能度更多的人,才能够彼此托福,人多福就大。

前天我坐车子回来时,司机对我说:"下雨天,只坐一个人反而危险。"我说："坐一个人不是比较轻、比较好开吗？"他说："人坐得愈多愈稳。"世间法和佛法相去不远，以佛法度愈多人，菩萨道就愈稳，所以不但要明白大乘法，更要实践大乘的教法。

我们若依靠《无量义经》的教法就能度众生，以口来阐述、教导众生，以身教来引导众生，能说能行就叫做"如说修行"。如果只会说却无法身体力行，容易引来别人的毁谤，所以身行言论一定要一致。

总之，法华部的教理，完全在提倡能说能行；若以言行来教导众生，可使自己和他人同时度过生死，这是本经第三项不可思议的功德力。

"善男子！第四：是经不可思议功德力者——若有众生得闻是经，若一转、若一偈，乃至一句，得勇健想，虽未得自度，而能度他；与诸菩萨，以为眷属；诸佛如来，常向是人，而演说法。是人闻已，悉能受持，随顺不逆；转复为人随宜广说。

"善男子！是人譬如国王夫人新生王子，若一日、若二日，若至七日；若一月、若二月，若至七月；若一岁、若二岁，若至七岁，虽复不能领理国事，已为臣民之所宗敬；诸大王子以为伴侣；王及夫人爱心偏重,常与共语。

"所以者何?以稚小故。

"善男子!是持经者,亦复如是。诸佛国王,是经夫人;和合共生,是菩萨子。若是菩萨,得闻是经,若一句、若一偈;若一转、若二转;若十若百若千若万,若亿万恒河沙、无量无数转,虽复不能体真理极;虽复不能震动三千大千国土、雷震梵音、转大法轮,已为一切四众、八部之所宗仰,诸大菩萨以为眷属,深入诸佛秘密之法,所可演说无违无失,常为诸佛之所护念。慈爱偏覆,以新学故。

"善男子!是名是经第四功德不思议力。"

善男子,本经第四种不可思议功德力是:若有众生听闻此经后,能为人转述经文,或是一偈乃至一句,即可得到勇健心,虽然还未能自度,却已能度人。

例如:地藏菩萨虽然尚未成佛,但是他发愿帮助别人先成佛,只要众生得救、修学成佛,他就觉得很安慰。虽然他还不到究竟成佛的境界,不过,他已是证得甚深果位的大菩萨。

现在你们学习行菩萨道,就是初发心的菩萨,身为委员、会员,即是慈济的人间菩萨;大家如果本着救世的精神,加入救度众生的行列,便是慈济世界的眷属。大家若能认真、深入地研究无量义的教法,实行菩萨道,无论是说或行都有人肯用心受持、辗转相传,教法就不会散失。

"诸佛秘密之法",是指佛法的要领及根本精神,我们本着这分心来宣说,众生听后不起反逆心,能适合大家的根机,佛法即可延续不断地传承下去。

佛陀慈爱一切众生,只要能够秉持正法、依教奉行,必为诸佛菩萨所拥护,这是深入无量义法的利益;即使众生颠倒,佛菩萨也始终没有厌弃之心,只是较为忧心烦恼。犹如一群儿女,乖巧的,父母总是较为安心;对于忤逆的子女,父母也从未放弃,仍期待有朝一日浪子能够回头,这就是佛菩萨对待众生的心。

行菩萨道的人,既是佛与法共生的菩萨子,能实行佛陀慈悲救世的精神,佛陀自然以慈爱遍覆。"覆"是形容父母深怕年幼的孩子着凉,总是以衣服或棉被覆盖、关心备至的样子。

"以新学故",佛陀所以会特别慈爱拥护,是因为我们是初学者,就好像刚学走路的孩子,父母唯恐孩子跌倒,总是特别留意照顾。善男子,这就是受持此经的第四种功德及不可思议之处。

"善男子！第五：是经不可思议功德力者——若善男子、善女人，若佛在世，若灭度后，其有受持、读诵、书写如是甚深无上大乘'无量义经'，是人虽复具缚烦恼，未能远离诸凡夫事，而能示现大菩提道，延于一日以为百劫，百劫亦能促为一日，令彼众生欢喜信伏。善男子！是善男子、善女人，譬如龙子，始生七日，即能兴云，亦能降雨。

"善男子！是名是经第五功德不思议力。"

善男子，第五种不可思议功德力者，若有善男子善女人，无论是佛住世或者佛灭度后，能够依教奉行，读诵或者书写这部甚深无上大乘《无量义经》，此人对于道理教义虽然尚未彻底明白，贪、瞋、痴的烦恼未能尽除，还无法离开凡夫的范畴，不过却能示现大菩提道，弘扬佛法。

"延于一日以为百劫，百劫亦能促为一日"，这是精神贯彻通达的境界，也是一种比喻。佛法不但包含了哲学，也包含了心理学，过去科学不发达，人的双脚是唯一的交通工具，从花莲到台北必须走上几天几夜的时间；现在科技发达，搭飞机只要三十分钟，由于人类科技的进步，可将行程时间缩短许多。

定慧力故超时空

以佛法而言,一个有禅定功夫的人,可以得到法喜的禅悦,进入禅定数日却仿佛瞬间一般。入定调息之初,鼻息会使蜡烛的火光摇晃是属粗相;若是火光皆不动摇,这是真正微细的禅定功夫。

以虚云大师为例,他享年一百二十岁,早年有人看到虚云老和尚造寺无数,以为他非常富有,逼他一定要交出财宝。其实,虚云老和尚建寺完全是向十方善信募款,自己根本没有财产,但是那些人不相信,对他加以刑求,老和尚遭受毒打后,无法动弹了;他们以为老和尚已经死了,大家便一哄而散。

弟子们非常心痛,但也不敢移动老和尚的躯体;老和尚打坐达七天七夜,这段期间他的意识到了兜率天;兜率天是菩萨的训练场,弥勒菩萨正在那里说法。每一尊佛要到人间之前,首先会到兜率天说法,结未来的众生缘,将来到娑婆世界时,听法的弟子也会到娑婆世界和他结师徒之缘。

佛度有缘人,过去曾经结过缘,今生才能得度,因此,我们也要多多与人结善缘。

虚云老和尚到兜率天时,见到许多过去认识的法师,往生之后都成为弥勒菩萨的眷属。他到了兜率天,只听了一会儿法会就结束了,过去的同参道友立刻送他回去。出定后,他感觉上只是极短的时间,但是弟子们却告诉他,已过了七天七夜。这就类似佛法所说的"延于一日以为百劫,百劫亦能促为一日",这一切全是由心念所转。

弘一大师有一次参加佛七,清晨的板声响起,第一支香开始念佛、绕佛,然后打坐,他一打坐就到晚上的最末支香才站起来,有人问他:"您为什么一整天都在打坐?"他说:"感觉上只不过是一瞬间而已。"这也是入定的功夫。

世间的一切皆需要仰赖智慧,科技的发达则可以缩短距离、节省时间。过去的高僧大德为了要到印度取经,必须花费数年,甚至数十年的时间,现在只要一天或几个小时就可以抵达。

"令彼众生欢喜信伏",由于有智慧与定力,所以能令一切众生听法后,生出欢喜信伏的心态。

"善男子!是善男子、善女人,譬如龙子,始生七日,即能兴云,亦能降雨",龙子出生虽小,但是出生七天就能兴云降雨,比喻初学佛者,只要虔诚认真,以佛的精神来辗转相教,也可以使人生起欢喜心,这是第五不可思议功德力量。

"善男子！第六：是经不可思议功德力者——若善男子、善女人，若佛在世，若灭度后，受持、读诵是经典者，虽具烦恼而为众生说法，令远离烦恼生死，断一切苦；众生闻已，修行得法、得果、得道，与佛如来，等无差别。譬如王子，虽复稚小，若王游巡，又以疾病，委是王子领理国事；王子是时依大王命，如法教令群寮百官，宣流正化；国土人民，各随其安；如大王治，等无有异。持经善男子、善女人亦复如是。若佛在世，若灭度后，是善男子，虽未得住初不动地，依佛如是所用说教，而敷演之，众生闻已，一心修行，断除烦恼，得法得果，乃至得道。

"善男子！是名是经第六功德不思议力。"

善男子，本经第六种不可思议功德的力量是：不论佛在世或灭度后，能够受持或读诵此经的人，虽然自己本身难免还有烦恼，然而他能够为众生说法，教导众生远离烦恼，断除六道轮回等一切苦恼。

菩萨以度众生为己任，我们虽然是初学，但是只要尽自己的力量，引导众生往正确的途径去走，这分引导的因缘，也可以使众生断一切苦，这是间接的断苦法，也是间接的救度众生。

"众生闻已,修行得法、得果、得道,与佛如来,等无差别",众生听法之后,如果能够如法修行,则可得三法四果。"三法"为暖法、顶法、世第一法,"四果"为须陀洹、斯陀含、阿那含、阿罗汉四果,得道则是辟支佛道,乃至菩萨道。只要我们以坚定的心去引导众生,就和佛在教导众生一样,没有差别。

"譬如王子,虽复稚小……如大王治,等无有异"等句,即譬如王子,年纪虽然还很幼小,但是,国王若要出外游巡或有疾病时,王子要代理国王来料理国事,他只要依照父王所交代的命令去施行政事,如法教化群僚百官,使得全国人民,各就其业、各安所居,就如同国王亲理朝政一样。

佛陀为了救度众生,使众生了解人生无常、六道疾苦而设种种方便法,并且身体力行、引导众生;我们现在也是如此,出家人是佛的使者,要使众生了解人生之苦、六道轮回不息及离苦之法。所以,尽管现在才了解教理,但是所说的法,和佛所说的法没有差别。

"持经善男子、善女人亦复如是",持经指实行、弘扬佛法的人。"初不动地",修行若想到达等觉的境界,必须经过五十个阶位,这五十阶段的前四十个阶段,必须由培养"信心"开始,经过十信、十住、十行、十回向,这四十个阶段,力行实践、坚固道心才能够登到"初地"。

我们现在离初地还很遥远,然而,若能依照佛所说的教法去实行、讲述,令一切众生听法之后也能一心修行,断除烦恼,同样可以得三法、四果、缘觉、菩萨等觉道,这是本经第六种功德的力量。

> "善男子!第七:是经不可思议功德力者——若善男子、善女人,于佛在世,若灭度后,得闻是经,欢喜信乐,生希有心;受持、读诵、书写、解说,如法修行,发菩提心,起诸善根,兴大悲意,欲度一切苦恼众生,虽未修行六波罗密,六波罗密自然在前,即于是身,得无生忍;生死烦恼,一时断坏,即升第七地与大菩萨位。譬如健人,为王除怨,怨既灭已,王大欢喜,赏赐半国之封,悉以与之。持经男子、女人,亦复如是;于诸行人最为勇健;六度法宝,不求自至;生死怨敌,自然散坏,证无生忍。半佛国宝,封赏安乐。
>
> "善男子!是名是经第七功德不思议力。"

善男子,于佛在世或灭度后得闻是经,听后不但感到很欢喜,并且生起信心,这就是已经登上十信位的阶段,不但会起欢喜心及信仰心,并且有好乐之心。"乐"是除了信之外,还要乐于实行。如果光是信佛,却不肯身体力行,这就如画饼充饥一样;能时时起欢喜实行,才是真正的"欢喜信乐"。

"生希有心",即生起难得、珍惜的心情而拳拳服膺,听到的法丝毫没有遗漏,能切实地实行。佛世时代的修行人,不论在家出家,只要接触佛法,很容易就可以证果,因为怀有尊师重道的恭敬心。

尊重三宝行六度

过去佛法并不兴盛,想要求法必须千里求师;再者佛教丛林大都在深山,人们发心求法,一定得经过一段漫长艰辛跋涉的路程,所以求法若渴,会起难得之心。物以稀为贵,一到寺院便请教佛法,绝对舍不得遗漏一字半句;不像现在,佛法很普遍,出家人及寺院也很多,多了就不易受人重视。

总之,现在听法的人虽多,但如果不起尊重心,只停留在语言文字的钻研游戏,自然就会放纵,这是现代人虽受持佛法却少有证果的原因。

我们一定要从内心真正地恭敬三宝。有了希有心才能接受佛法、拳拳服膺,并时时读诵、书写、流传,更进一步步去为人解说。发菩提心、如法修行，深入无量义教法后，自然就可以生出坚固善根，也帮助他人启发善根。

善根即不造恶事，此外更进一步要能拔苦，力行救济众生的志业。启发了大悲心，就会努力自度度人，帮助众生断除六道轮回的根源；虽然没有刻意去修六波罗密，但六波罗密自然就在眼前，今生即能得无生法忍。"无生法忍"即世间一切困难的事情，都不会打扰他修行的心，更不会有任何困难可以阻碍他行善。

"生死烦恼，一时断坏"，生死是众生的一大烦恼，自己面临死亡时，心中难免会恐惧害怕，心爱的眷属如果有三长两短也是苦恼不已。我们时常可以看到——眷属死亡时，生者悲啼哀恸，这种死别之苦，有时会持续好几年，只要提起亡者的名字，仍旧悲伤不已……

我们若能从无量义法门了解"人生无常"本是必然，有生必有死，世间的万物有成必有坏，唯有慧命永恒不坏。若了解这些道理，依法修行，就不会有烦恼、恐惧，这样就能逐渐断除生死的烦恼。

断了生死的烦恼，即可升第七地，即"远行地"。若能行无量义法门，实行佛陀慈悲救世的精神，有了勇猛精进的坚定道心，智慧自然可以发出光辉，犹如日正当中的光芒，照彻世间万物。

过去因不曾接触到纯正的智识,也不曾接触人生的哲理及出世之道,所以内心一片黑暗;现在犹如打开心窗,让外面的艳阳照射进来,就能心开意解、智慧明朗。如果能用心弘扬佛法,智慧就会发光,智慧之光更能照亮他人的心地。如此辗转相告,自然可以超越四十个阶位进入第七地,一到第七地,和等觉菩萨就只差三地而已。

"譬如健人,为王除怨……赏赐半国之封,悉以与之",健人即身强体健的大将军。一个国家如果遭到外敌侵略,必须依靠大将军统领部队抵御外侮;打退敌人之后,国王必然十分欢喜,为了慰劳大将军,国王就将一半的国土封赏给他。

"持经男子、女人,亦复如是;于诸行人最为勇健;六度法宝,不求自至;生死怨敌,自然散坏,证无生忍。半佛国宝,封赏安乐",守持佛法的人,不论男女也是如此;能实行佛菩萨的根本教法,是最勇猛精进的人。有的人修行,只求独善其身,不敢担当大任;如果想要行菩萨道,一定要有勇猛心,不怕挫折,这样才是真正勇健之人。

修学佛法,若无"六度法宝"则无法修行,若能脚踏实地依法而行,则不需刻意去求,也已身在六度之中。一到了第七地,自然没有恐惧心,智慧之光不但能照亮自己,同时也照亮他人,生死怨敌无法扰乱,自然就不会惶恐,进而能证得无生法忍。

只要有精进的精神,很快就能跃升佛国之半途,这是本经第七种功德不可思议力。

> "善男子!第八:是经不可思议功德力者——若善男子、善女人,于佛在世,若灭度后,有人能得是经典者,敬信如视佛身,令等无异;爱乐是经,受持、读诵、书写、顶戴,如法奉行,坚固戒忍,兼行檀度,深发慈悲,以此无上大乘'无量义经',广为人说,若人先来不信有罪福者,以是经示之,设种种方便强化令信,以经威力故,令其人心,欻然得回;信心既发,勇猛精进故,能得是经威德势力,得道得果。是故善男子、善女人,即于是身,得无生法忍,得至上地,与诸菩萨以为眷属,速能成就众生,净佛国土,不久得成无上菩提。
>
> "善男子!是名是经第八功德不思议力。"

善男子善女人,不论佛在世或灭度后,有人得到无量的教义后,能够懂得尊重、相信佛的法宝犹如敬信佛身一样。听法时,要像佛在世直接向我们说法一般,否则就很容易轻视佛法;说法的人代表佛宣扬佛法,是佛的使者,更要敬信佛法犹如见佛。

《无量义经》是弘扬菩萨道,主要是教大家如何当菩萨,菩萨道是真正的大直道。《法华经·法师品》,佛说未来的人,若能实行《法华经》的精神,不必为佛造寺供养,只要该处有《法华经》教义的实践,就已经有佛的全身舍利,也就是佛的法身存在。

因为有了这部经典教法,并且脚踏实地弘扬它的精神,则佛的精神等于是我们的精神。此经是由佛的本怀所流露出来,所以当我们读诵时,必须虔敬如视佛身;若是起造塔寺、雕塑金身佛像,却不肯依照佛法实行、弘扬,则再大的寺院也没有作用。

佛陀在世时,他所住的大多是简单素净的精舍,佛法传到中国之后,中国人为了尊重佛法,所以才建造大寺院。

佛法传入中国时,有两位法师——摩腾、竺法兰前来,当时汉明帝以国宾礼仪迎接他们,请他们住在鸿胪寺,鸿胪寺并非供佛之寺,当时的"寺"是接待外宾的外交机构。

佛寺的由来

这二位修行者安住下来后,才开始建造白马寺,后来

"寺"即为佛教所专用。为了尊重佛法，后人便承袭当时的宫殿式建筑，建得堂皇又美观。其实，当时佛陀及修行人所住的是精舍，只要不受到风吹雨淋，可安心修行就已心满意足了。

佛教徒所注重的是佛陀的精神，而不是泥塑的金身，所以我们要弘扬佛陀的慈悲大爱；要能够敬重此经，并且受持、读诵，时时刻刻不离心，如法奉行，坚定我们修行的教义。

在家持五戒，出家比丘持二百五十戒，比丘尼守五百戒，无论遭遇到任何的磨难与挫折，都要坚定守戒，提起勇猛的精神来克服困难，要做菩萨如果无法忍耐，就无法坚定持戒。

"兼行檀度，深发慈悲"，我们除了持戒、忍辱之外，还要布施，布施有财施、法施、无畏施。财施指布施世间的物质，法施、无畏施是尽我们所知所能来开导、救护众生。

佛菩萨以布施行更深一层的慈悲，担负众生离开六道。若要担负众生离生死道，唯有以无上大乘《无量义经》向大众宣说，才能唤醒迷茫的众生。

众生沉沦，我们之所以轮回于六道，就是因为缘索的缠缚。所以，要用无量义的教法来教导，引导大众发心脱离六道。

"若人先来都不信有罪福者,以是经示之,设种种方便强化令信",如果有人过去虽然有信仰,然而却一开始即入邪道,所以不了解因果及因缘大法。

走入邪道则会进入险境,这就很难再出离,所以我们要引导他走向信仰的正道,以本经来开导他,使他了解菩提大道才是我们该走的路。若有人根性较差,直接授以无量义法门仍无法心开意解,就要用种种方便法,使他能够相信。

"以经威力故,令其人心,欻然得回;信心既发,勇猛精进故,能得是经威德势力,得道得果",因为此经的威力,使他打开心门,让光明照耀原本黑暗的心,驱走心中的愚痴暗钝,觉悟到人生无常、六道是苦。

启发智慧入正信

过去因为迷茫而不懂得发心,现在打开心门,相信佛教的正法,进入十信法;产生信心之后,自然就会发出勇猛心。当众生产生勇猛心之后,我们要立刻以无量义教法来引导,千万不要以冥引冥。

有的人说:"不妨以迷信的方法,引导人走入正信。"这是绝对行不通的,因为有的众生根机较劣,一旦迷失了方向,想要他回归正信就很困难。比如:有人求香灰、问乩童、观落阴等等,希望借此能趋吉避凶,这都不是正信的方法。

有人为亡者焚烧纸屋,其实人死了,身躯已经没有了,何需住房子?金钱不懂得好好运用于救济贫困、培植福德,这就是众生之迷。一般人求神问卜,有时候好像很准,但那并不是你的亲人亲自降临。清晨我们诵大悲忏时,里面有"天龙八部、舍宅神、水神、火神、风神……草木神等各有所居,各有所主",又如《地藏经》所言,草、木、石皆有其掌管之神。

草木神有小神通,众生心里想什么,他也知道,可以依你心中所想的去捉弄你。过去中国曾经流传"狐狸精",一旦引入门就很难驱走;台北也曾流行"碟仙",这应是鬼神的小神通。

佛说:"心如工画师。"我们的心就如绘画师,只要心中想什么,手就能画出它的形状,自己的心思早就被鬼神看得一清二楚;当你想去"问乩童"、"牵亡",是因为心中早已有了形象,草木神依你所想的,就能现出形象来附会,这样很容易引鬼神入宅,而且一再地被捉弄。

所以,最好不要和鬼神打交道,否则容易遭到鬼神的捉弄。观世音菩萨绝对不可能附身在乩童身上，世俗的某某公大都是鬼灵，我们不要去逢迎。

佛教一向讲求孝道，父母及祖先的牌位可以供奉，这是慎终追远的孝思。若想知道亲人往生后生到何处，首先必须追溯到他生前的所作所为，如果生前行十善，必往生天道享天福；若能守持五戒，则会投胎为人；要是为非作歹，自然会落入地狱、饿鬼、畜生等恶道。

若是思念父母就要尽量行善，将功德回向给父母，父母若已转生在人间或天堂，仗着子女所造之福，也可以增添福报；若是落入恶道，也会因子女所造之福而得到救拔，减轻受刑罚的期限。总之，只要为人子女者心意坚定虔诚，心念一动，父母即可领受功德。

至于饮食的问题，佛世时代的修行者，无论是皇亲贵族或是奴隶出身，都必须出门去托钵。托钵时，每个人只限到七户住家托钵，如果走过七家仍是空钵，就必须挨饿；除非生病了才可以分食。

托钵的意义，一方面是为了平等，另外一方面，出家人是修行清净的福田僧，可以给在家人造福播种的机会，供养出家人可以得到福德，结下福缘。我们中午过堂结斋时，供养咒有"若有布施者，后必得利益"，就是将功德回向给供养的施主。

健康素食可养生

现在听讲者有的身为人母或婆婆,若有女儿或者媳妇即将分娩,最好不要为了帮她们坐月子而养鸡杀鸡,如果为此而杀生,无异是让孙子结下了怨仇。人出生到世间难免会有病痛,除了过去生所造的业以外,一出生,别人就为我们结下不少的冤业,所以会常有病痛。为了避免冤业的交缠,最好用素食补品代替,一样可以滋养身体,保持健康。

因为此经的威力,使众生得以发勇猛心。大家从现在起应依正法而精进,一方面还要引导别人,使他人也可以得到法益。所以,不必等到来生,只要肯脚踏实地去做,当下就可以得到佛法的根本精神与教理。

"**得至上地,与诸菩萨以为眷属**",至上地是第七地以上,至远离行的境地,远离六道罪愆达到第八地、第九地等,与大菩萨同为眷属,菩萨将成为我们的善知识。

"**速能成就众生,净佛国土,不久得成无上菩提**",若能身体力行,即能引导众生,使一切众生脱离六道轮回,成就三法、四果的阶段。我们目前所住的虽是娑婆世界,只要我们能够教导人心向善,也可以化恶浊的娑婆世界为极乐世界。

在这里听经,大家都能和睦相处,没有发生苦恼的事情。苦恼即娑婆,心能清净即极乐,心净则土净,只要大家能弘扬佛法的精神,就能改善这恶浊的世间。世间将入坏劫,然而大家的努力可以延缓破坏的时间,使国界平安,让众生都有机会成就大觉道。这就是本经第八种功德的力量。

"善男子!第九:是经不可思议功德力者——若善男子、善女人,若佛在世,若灭度后,有得是经,欢喜踊跃,得未曾有;受持、读诵、书写、供养,广为众生分别解说是经义者,即得宿业、余罪、重障一时灭尽,便得清净,逮得大辩,次第庄严诸波罗密,获诸三昧、首楞严三昧。入大总持门,得勤精进力,速越上地,善能分身散体,遍十方国土,拔济一切二十五有极苦众生,悉令解脱;是故是经有如此力。

"善男子!是名是经第九功德不思议力。"

若善男子善女人,无论佛在世或灭度后,在听了无量义教义之后,生起欢喜心及至踊跃欢愉,过去不曾有的心境。同时将这部经的精神与教理向人解说,并且应用于日常生活当中,这才是真正的供养。能够施行教义,前生所造的罪业及今生的障碍,自然就可以逐渐消除。

障碍往往是起于自心的烦恼,只要智慧开启、心地净化,自然就没有障碍。内心清净之后,很快就可以得到无碍辩才,能为人说法,身形也益发庄严。

"次第庄严诸波罗密",身形庄严、智慧庄严得到三昧,"开慧楞严,成佛法华",能够通达空寂的教理即首楞严三昧。总持门即陀罗尼,得修一切善法,止一切恶法。得勤精进力即不懈怠、精进不退,如此很快就能超越,达到大菩萨的果位。

"善能分身散体,遍十方国土",这是第九地菩萨——善慧地的境界。而我们若能接受佛的教法,也可说是分出一分佛的精神,再将这分精神辗转相教,多教导一人实行佛陀的精神,即多一分化导分身的力量、能够遍布十方;教导众生实行佛陀的根本精神,这就是奉行佛法。

拔济众生之苦

"拔济一切二十五有极苦众生",三界之内,欲界有十四处,即十四处众生,色界有七处,无色界有四处有情众生,合为"二十五有"。欲界完全依欲为生,有爱欲之心;以人为例,由父精母血生下为人,之后即有种种物质欲望。

色界已去除欲念,但仍有身形,有七处有情众生。无色界既无欲亦无色,只有精神生活,已经进入甚深禅定的境界,有四空天,因此称为"四有"。

二十五有皆离不开苦,天界虽然享乐,不过在福享尽后仍然会堕入轮回,因此二十五有皆是苦,三恶道则为极苦。一般人说的"三界公"就是梵天王,梵天王福报尽时,一样要轮回于六道,只是在天界时寿命较长、享乐较多罢了。

天界在坏劫来时,仍旧会遭到破坏,欲界将遭到火灾、水灾、风灾,色界之天界亦有水灾,风灾可以吹到三禅天。天界仍无法离开三大灾劫,所以我们要发心分身散体遍十方国,拔济一切二十五有极苦的众生,使三界众生皆能离开六道轮回,获得解脱,这是本经第九种功德的力量。

"善男子!第十:是经不可思议功德力者——若善男子、善女人,若佛在世,及灭度后,若得是经,发大欢喜,生希有心,即自受持、读诵、书写、供养,如说修行,复能广劝在家、出家人受持、读诵、书写、供养、解说,如法修行;既令余人修行,是经力故,得道得果;皆由是善男子、善女人慈心勤化力故。是善男子、善女人即于是身,便速无量诸陀罗尼门,于凡夫地自然初时能发无数阿僧祇弘誓大愿,深能发救一切众生,成就大悲,广能拔苦,厚集善根,饶益一切,而演法泽,洪润枯涸,以此法药,施诸众生,安乐一切,渐见超登,住法云地,恩泽普润,慈被无外,摄苦众生,令入道迹。是故此人不久得成阿耨多罗三藐三菩提。

"善男子!是名是经第十功德不思议力。"

善男子善女人,若佛在世及灭度后,若是无量义深入了潜意识,生起欢喜与希有之心,自然就会发心受持,如法修行,并且还能够普遍地劝导出家、在家人去受持,如法修行。由于这分功德,自己和他人都可以得道得果;善男子善女人,能慈心化度辗转相教,因此,以今生之身,即可得到无量诸陀罗尼门,无量的教义。

发慈悲心不畏难

我们现在虽然还处在凡夫地,不过,我们一听到无量义,即能发无数的誓愿,因为这部经旨在教人发菩萨心。

曾有人前来打佛七,听了《无量义经》后,立刻表示回去要开始加入慈济委员劝募行列,这就是初发心,能够发救度众生的大愿。

有一次,某位资深的慈济委员,邀一位初加入的委员要一起去宜兰查访贫户。这位初加入的委员有点胆怯地说:"去一趟就要一天耶!"资深委员说:"既然要做,就是要这样啊!"这才是深刻地发起救护众生之心,既已发心就不怕艰苦。

只救眼前者即为"浅",能救远处者为"深";简单的方法为"浅",不畏艰苦努力去做才是"深"。若能完成这个愿,就是成就大悲;能排除万难解除众生的苦,就是"大悲心"的落实。

"厚集善根,饶益一切",善根人人皆有,不过还是得靠自己再去培植,善行愈多,善根即愈深厚;就如一棵树,如果照顾得好,根就会伸得愈广,树也能长得更好更壮。我们的善根培植得愈深厚,即能饶益一切众生,而救助别人,实际上是在累积自己的福德,受益最多的是自己。

"而演法泽,洪润枯涸",除了物质上的救济之外,还要以佛法来滋润众生的心,众生于生死道中实在很苦,物质上的救济还不够,一定要使他们得到心灵的安宁与解脱,这才是真正的拔苦。所以要宣扬佛法,使枯涸的众生得到佛法的润泽。

如大地万物遇到久旱不雨,必然无法生长;众生若没有精神上的滋润,纵使物质丰富,人生也无乐趣可言。要以佛法来滋润心灵,众生心灵得到法乐解脱,就能于佛法中一步步地超越,甚至到达第十地菩萨——法云地的境界。

"恩泽普润,慈被无外,摄苦众生,令入道迹",将佛法的恩泽普遍润泽众生,以慈悲的心引导众生,拥护二十五有众生,不要让他们进入恶道极苦的地方,尽量协助大家进入菩提大直道。

"是故此人不久得成阿耨多罗三藐三菩提",此人因为能够教导众生脱离六道轮回,入大菩提道,所以,不久即能得到无上正等正觉的佛道。

> "善男子!如是无上大乘'无量义经',极有大威神之力,尊无过上,能令诸凡夫皆成圣果,永离生死,皆得自在;是故此经名'无量义'也。能令一切众生,于凡夫地,生起诸菩萨无量道芽,令功德树郁茂、扶疏增长。是故此经号'十不可思议功德力'也。"

善男子,此无上大乘《无量义经》,有很大的威神力量,因为这部经有无量的护法。只要我们敬重此经,心中自然就有佛,因为此经有大威神之力,无人能超越其上。

"能令诸凡夫皆成圣果",凡夫在听经之后,能够发心且辗转相教,虽是凡夫也能超越第七地而成圣果。得成圣果之后,便来去自如,不受业力牵引,即使来到人间也是本着慈悲心,为了接引众生而倒驾慈航。

因为本经有着无量利益,所以本经名无量义,能令众生于凡夫地,就生起菩萨道芽。促使我们要做救济众生的善心增长,一颗种子种下去,很快就能发芽茁壮,功德树就能够繁荣茂盛,所以这部经也被称为"十不可思议功德力"经。

说起来也是一种巧合,当年成立功德会时,我还不曾读过《无量义经》。救济会取名为"慈济功德会","功德会"与"功德树"可以说是一种巧合,也是一项大因缘。我从日本请回来的《法华经》中,又附上一本《无量义经》,当时功德会已经成立,我发现《无量义经》与功德会的精神非常契合。

这部经所阐扬的就是功德会所秉持的精神,所以我对《无量义经》特别有好感,于是开始抄写,希望大家都能看到,并且了解无量义的教义、菩萨的精神,希望诸位能够辗转相教。

> 于是大庄严菩萨摩诃萨,及八万菩萨摩诃萨,同声白佛言:"世尊!佛所说甚深微妙无上大乘'无量义经',文理真正,尊无过上,三世诸佛所共守护,无有众魔群道得入,不为一切邪见生死之所坏败。"

于是大庄严菩萨及八万菩萨摩诃萨,异口同声禀告佛陀:世尊,佛所说甚深微妙无上大乘《无量义经》,文辞及道理真实正确,尊无过上,三世诸佛共同守护,无有众魔群道得以侵入,也不被一切邪见生死所败坏。

> "是故此经乃有如是十种功德不思议力,大饶益无量一切众生,令一切诸菩萨摩诃萨各得无量义三昧,或得百千陀罗尼门,或令得菩萨诸地、诸忍,或得缘觉、罗汉、四道果证。世尊慈愍,快为我等说如是法,令我大获法利。甚为奇特,未曾有也。世尊慈恩实难可报!"

本经有这十种功德不思议力,饶益无量一切众生,令一切诸菩萨完全了解无量义,心中没有疑虑,定心得无量义三昧。有的人得到百千总持门,或得到菩萨地诸忍,智识低者证得初地,智识愈高者证得愈高,或者得到缘觉、罗汉四道果证。世尊慈愍,快为我等说如是法,令我们大获法利甚为奇特,是过去未曾有的,世尊慈恩实难可报也。

"尔时三千大千世界,六种震动,于上空中,复雨种种华:天优钵罗华、钵昙摩华、拘物头华、分陀利华,又雨无数种种天香、天衣、天璎珞、天无价宝,于上空中,旋转来下,供养于佛,及诸菩萨、声闻大众;天厨、天钵器、天百味,充满盈溢,见色闻香,自然饱足;天幢、天幡、天幰盖、天妙乐具,处处安置,作天伎乐,歌叹于佛。又复六种震动,东方恒河沙等诸佛世界,亦雨天华、天香、天衣、天璎珞、天无价宝,天厨、天钵器、天百味,见色闻香,自然饱足;天幢、天幡、天幰盖、天妙乐具,作天伎乐,歌叹彼佛,及诸菩萨、声闻大众;南西北方,四维上下,亦复如是。

这时,宇宙间又发生了六种震动,天空中也如雨般地飘下象征柔软、如意的各色莲花;还有种种天界芳香、天人彩衣、璎珞,及天界无数珠宝,从空中慢慢旋转落下,供养佛陀及许多菩萨、罗汉们。又有天厨、天钵器、天界种种美食,充满于会场,使人见到这些美食、闻到香味,便自然饱足。还有天幢、天幡、天幰盖、天妙乐等天界美妙乐音,以歌声赞叹佛陀的功德。

同时,又再一次发生六种震动,在东方恒河沙数的佛土世界,也是一样飘下天华、天香、天衣、天璎珞、天无价宝,天厨、天钵器及天界种种美食,还有天幢、天幡、天幰盖、天妙乐等天界美妙乐音,以歌声赞叹佛陀的功德。至于南北西东方,上下各方佛土世界,也都一样,如此歌颂佛陀的功德。

> 尔时佛告大庄严菩萨摩诃萨及八万菩萨摩诃萨言:"汝等当于此经,应深起敬心,如法修行,广化一切,勤心流布,常当殷勤,昼夜守护,普令众生,各获法利;汝等真是大慈大悲,以立神通愿力,守护是经,勿使疑滞,于当来世,必令广行阎浮提,令一切众生,使得见闻、读诵、书写、供养;以是之故,亦令汝等速得阿耨多罗三藐三菩提。"

这时,佛陀告诉大庄严菩萨和八万大菩萨们说:"你们应该对这部经发起恭敬心,且依经法修行,没有分别地广为教化一切众生,勤奋地流传,殷勤地守护,使有情众生都能得到佛法的大利益,这样才算是大慈大悲,而且要尽力守护这部经,不要受到阻滞,而无法广布,在未来世,一定要使这部经普遍流传于地球,让一切众生得以读诵、书写、供养;如此,你们将迅速得到成就无上佛道。"

是时大庄严菩萨摩诃萨,与八万菩萨摩诃萨,即从坐起,来诣佛所,头面礼足,绕百千匝,即前胡跪,俱共同声白佛言:"世尊!我等快蒙世尊慈愍,为我等说是甚深微妙无上大乘'无量义经',敬受佛敕,于如来灭后,当广令流布是经典者,普令一切受持、读诵、书写、供养。唯愿世尊,勿垂忧虑,我等当以愿力,普令一切众生,使得见闻、读诵、书写、供养,得是经法威神之力。"

听完佛陀的话,大庄严菩萨和八万大菩萨们,当下便从座位起身,走到佛前,恭敬地顶礼佛足,再绕佛百千遍,然后跪在佛前,大家一起向佛陀禀告:"世尊啊!我们有幸蒙受您的慈悯,为我们宣说这部甚深微妙无上大乘'无量义经',我们发愿敬谨接受您的慈命,在您入灭之后,当广为流布这部经典,让一切众生普遍能读诵、书写、供养。但愿佛陀您不要为此而忧虑,我们会以宏大的愿力,使一切众生看了、听了此经之后,去读诵、书写、供养,获得经中法义所具有的威神力量。"

尔时佛赞言:"善哉善哉！诸善男子！汝等今者,真是佛子、大慈大悲、深能拔苦救厄者！一切众生之良福田,广为一切众生作大良导师,一切众生之大依止处,一切众生之大施主,常以法利广施一切。"
尔时大会皆大欢喜,为佛作礼,受持而去。

这时佛陀赞叹地说:"太好了！各位善男子,你们现在可以称得上是真佛子,能继承佛的慧命,具大慈悲心,能救助众生苦厄的菩萨了。你们是众生种福的良田,要作众生最好的导师,为一切众生在无助时的依止处,为一切众生作最大的施主,以佛法广施一切有情众生。"

当时大庄严菩萨及与会大众听佛陀说了这部经,都觉得身心轻安、法喜无量,然后向佛陀致最后敬礼,衷心接受了佛陀教法而离去。

图书在版编目(CIP)数据

无量义经/释证严讲述. —上海:复旦大学出版社,2011.1(2020.1重印)
(证严上人著作·静思法脉丛书)
ISBN 978-7-309-07619-6

Ⅰ.无… Ⅱ.释… Ⅲ.大乘-佛经-研究 Ⅳ.B942.1

中国版本图书馆 CIP 数据核字(2010)第 190884 号

慈济全球信息网:http://www.tzuchi.org.tw/
静思书轩网址:http://www.jingsi.com.tw/
苏州静思书轩:http://www.jingsi.js.cn/

原版权所有者:静思人文志业股份有限公司授权复旦大学出版社
独家出版发行简体字版

无量义经
释证严　讲述
责任编辑/邵　丹

复旦大学出版社有限公司出版发行
上海市国权路 579 号　邮编:200433
网址:fupnet@fudanpress.com　http://www.fudanpress.com
门市零售:86-21-65642857　团体订购:86-21-65118853
外埠邮购:86-21-65109143
上海崇明裕安印刷厂

开本 890×1240　1/32　印张 9　字数 138 千
2020 年 1 月第 1 版第 5 次印刷
印数 17 301—20 400

ISBN 978-7-309-07619-6/B·371
定价:32.00 元

如有印装质量问题,请向复旦大学出版社有限公司发行部调换。
版权所有　侵权必究